JN065394

八十路のへんろ

伊予・讃岐・高野山〈編〉

池澤節雄

文芸社

はじめに

平成二十九（二〇一七）年十二月二日、八十一歳にして、第三回目の四国遍路旅に出た。最初の遍路旅は、愛媛県庁を定年退職した六十歳の春である。そのときはまだ体力があり、三十六日間の「通し打ち」を敢行、全行程を歩き通して無事結願した。

それから二十年余りの歳月が流れ、さすがに千数百キロを踏破するのは困難になった。今回は自分の体調に合わせて、バスや列車も利用しての「区切り打ち」とした。

「発心の道場」といわれる阿波の国から始まり、「修行の道場」の土佐の国、「菩提の道場」の伊予の国を経て、「涅槃の道場」の讃岐の国へ。道を間違えたり、険しい山道では滑ったり転んだり、ときにはたどり着けるのかと不安になったりしながら、お大師さまとともに同行（どうぎょう）二人の旅を続けた。

新型コロナの発生や母の看取りなどがあり、第八十八番大窪寺で結願するまで、約五年半を要した。

その間、霊場の様子や歴史、自分の思いをブログに綴ってきた。たくさんの方が私のサイトを訪れてくださり、大いに励みになった。

そのブログを再編集し、『八十路のへんろ　阿波・土佐編』に続いてまとめたのが本書である。霊場順ではなく、参拝順に記している。

なお、空海は、ご入定されて八十六年後の延喜二十一（九二一）年に、醍醐天皇から弘法大師という諡号（しごう）を賜った。修行をするために四国霊場を訪れた頃は、弘法大師ではなくまだ空海と称する時代であった。そのため、当時のことは、基本的には空海の名で書き進めている。

私にとってはこれが最後の遍路旅である。満願成就できたことを心から感謝したい。

池澤　節雄

八十路のへんろ　伊予・讃岐・高野山編 ● 目次

涅槃の道場　讃岐の国◆香川

高野山へお礼参りの旅――275

菩提の道場
伊予の国◆愛媛

菩提とは煩悩を断ちきり悟りを得ること

第五十五番南光坊の山門

第四十番札所　観自在寺（かんじざいじ）

二百年以上も前の山門が建つ◆平城山（へいじょうざん）薬師院（やくしいん）◆二〇一八年十一月十四日

観自在寺は、「菩提の道場」といわれる伊予の国の最初の霊場である。第一番霊山寺から最も遠くにあるため「四国霊場の裏関所」とも呼ばれる。

私はこの日、朝いちばんに土佐の国の最後の札所、第三十九番延光寺にお参りした。延光寺から第四十番観自在寺まで、遍路道を歩くと三十キロ。途中で標高三百メートルの松尾峠を越えなければならない。以前の遍路旅では、道に迷いながらもどうにか観自在寺までたどり着けた。その道中の辛さを思うと、八十二歳の私が踏破できるとは思えない。そこで、延光寺最寄りのバス停「寺山口」からバスで宿毛（すくも）駅に向かい、宿毛駅前から宇和島バスを利用して、観自在寺まで行くことにした。

「寺山口」九時四十八分発のバスに、香港から来た王（ワン）さんという女性とともに乗り込む。十時十分宿毛駅に到着。宿毛営業所十時四十一分発の宇和島バスに、また王さんと乗る。乗客は五人ほど。私たちは互いに好きな席に座り、四十分ほどのバス旅を楽しんだ。

バスは明るい陽射しを浴びて宿毛市内を通り抜け、川沿いの国道56号線をひた走る。十分ほどで、高知県と愛媛県の県境に差しかかる。この辺りは、県庁に勤めていた頃、仕事絡みでよく訪れたところである。やがてトンネルに差しかかる。工事中に落盤事故が発生し、死者が出たことを思い出す。

バスは愛南町の古い町並みに入る。仕事で訪れたときとは違い、新鮮な思いで眺める。やがて定刻の十一時二十分、「札所前」停留所に着く。降りたのは王さんと私だけ。幾度となく訪れたお寺なので道順は熟知しているつもりで歩き始めたが、どうも様子がおかしい。通りがかりの人に聞いて、見覚えのある観自在寺の山門の前に出る。そこで王さんと別れ、互いに自由にお参りすることにした。

200年以上も前に建立された山門

山門の天井にある方位盤

広々とした境内

これまでたくさんの山門にお参りしたが、大半が改築されていたり、焼失して再建されたりしたものであった。しかし、この山門は二百年以上も前に建立されたままのもので、堂々とした総檜造り。額に書かれた「平城山」という文字も印象的だ。ところどころに残る朱色から歴史の深さを感じる。天井には、干支が描かれた色鮮やかな方位盤がある。

仁王様の許しを得て境内に入ると、広々としており、天気がよいこともあってすがすがしい気分になる。本堂は入母屋造りの真新しい重厚な建物である。ご本尊は秘仏で、五十年に一度ご開帳される。次は二〇三四年という。寺伝によると、このお寺は平安初期の大同二（八〇七）年に平城天皇の勅願所として空海が開設したとされる。空海が一本の霊木で、ご本尊の薬師如来と脇侍の阿弥陀如来、十一面観音菩薩を刻んで安置された。余った霊木に、庶民の病根が除かれるようにと祈願して「南無阿弥陀仏」と彫られたといわれている。皇室から庶民に至るまで広く信仰を集め、全国で四ヵ所しかない鎮守の一つでもあった。平城天皇は勅額「平城山」を下賜され、天皇自ら当地を訪れて、ご朱印をくださり、一切経と大般若経を奉納された。毎年勅使が遣わされ、護摩供（ごまく）の秘法が施されたとされる。

宇和島藩主・伊達宗利の勅願所ともなり、一時は七堂伽藍を備え、四十八の末寺を有する荘厳華麗な寺だったが、度重なる火災によって焼失してしまった。現在の本堂は昭和三十九（一九六四）年に当時のまま再建されたものである。納経所は本堂の中にある。

本堂の右手に大師堂がある。平成五（一九九三）年に再建されたものである。毎年六月十五日に大師像がご開帳される。回廊には四国八十八ヵ所の御土砂が敷かれ、外壁には稚児、修行、秘鍵の三枚の大師像レリーフが設置されている。

本堂と大師堂を結ぶ回廊の前に、観自在菩薩の石像がある。

大師堂の前には石造心宝塔がある。ご本尊は石仏の般若菩薩で、地下に一枚千円で写経を納めることができる。

本堂の前には八体仏十二支守り本尊があり、台座には干支が刻まれている。私は子年なので、その石仏に水をかけながら手を合わせ、この先の遍路旅の安全をお願いした。

参道をはさんで「栄かえる」という蛙の石像がある。親蛙の背中に子蛙が乗っており、「親子孫と三かえる、お金がかえる、福がかえる。病が引きかえる」などのご利益がある。

少し山門よりに寶聚殿（ほうしゅうでん）八角堂がある。文殊菩薩を祀る宝物殿で、外壁には恵比須様や大黒様といった七福神が刻まれている。学業成就のご利益があるともいわれる。

その他、お寺に縁の深い平城天皇の遺髪塚や芭蕉の句碑がある。

最後に納経所に寄りご朱印を頂く。十二時頃にお参りをすませ、山門や天井の方位盤に別れを告げる。王さんもお参りをすませたと見えて、同じ時刻に山門を下ってきた。

今回の「区切り打ち」はここで終え、帰途に就いた。

石造心宝塔

八体仏十二支守り本尊

第四十一番札所　龍光寺

「三間の稲荷」として親しまれた◆稲荷山　護国院◆二〇一九年十月三十一日

　第四十番観自在寺にお参りして約一年後の二〇一九年十月三十一日、第四十一番龍光寺から第四十三番明石寺まで「区切り打ち」をすることにした。五時四十八分松山発の特急で宇和島駅に向かい、ＪＲ予土線に乗り換えて務田駅まで行く。そこから歩いて龍光寺、仏木寺、さらに標高四百九十三メートルの歯長峠を越えて明石寺へ、というプランだ。

　朝五時に我が家を出発。徒歩二十分ほどでＪＲ松山駅に着く。駅舎の売店で朝食と昼食を調達するつもりでいたが、キヨスクもコンビニもまだ開いていなかった。諦めて列車に乗り込む。一時間半ほどで宇和島駅に着く。予土線のプラットホームには、すでに列車が停車していた。務田駅に着くと真向かいのコンビニで朝食のサンドイッチと紅茶、昼食用のおにぎりとお茶を購入。務田駅から龍光寺まで一・五キロ。四十分の予定で歩き始める。

　遍路道は田んぼの中の一本道である。この辺りは三間米という米の産地として知られている。刈り取られた稲株が広がる田んぼは、一面朝霧に覆われている。この地方では霧が出ると天気がよいといわれ、幸先はよさそうである。

田んぼ道が終わり、小さな集落に差しかかる。道の角には「四国のみち」の表示があり、お寺の方向を示してくれている。集落のはずれに石の鳥居があった。ここまで歩いた時間は三十五分。まずまずの時間配分だ。このお寺には仁王門はなく、鳥居が山門の役目を果たしている。長い石段の先に、稲荷神社の朱塗りの赤い鳥居がみえる。鎮守の森にあるお宮といった感じだ。鳥居をくぐり参道に入ると、道沿いの民家の軒先でミカンや地元のお菓子などを売っている。参道の突き当たりの石段を五十段ほど上ると、両脇で狛犬が出迎えてくれる。

大きな石の鳥居

口を開けた「阿」の狛犬

仁王様がいないので、その代わりにお寺を守っているようだ。狛犬は尻尾を高く上げて威嚇しているように見える。仁王様同様、狛犬にも邪鬼を払う役割がある。

彼らの許しを得て境内に入る。すぐ左には鐘楼がある。この辺りから米どころ三間平野の眺望を楽しめ、その先に本堂がある。ご本尊の十一面観世音菩薩は秘仏で、参拝者の目に触れることはない。拝観できるご本尊は彩色された坐像である。

このお寺には次のような歴史がある。空海がこの地方を訪れたときに、白髪の老人に出会った。老人は「われこの地に住み、法教を守護し、庶民を利益せん」と告げて姿を消した。その言葉から、この老人は五穀大明神の化身だと悟り、空海は稲荷大明神を刻んで安

本堂

置された。加えて人々を救うため、本地仏として十一面観世音菩薩と、脇侍の不動明王、毘沙門天も刻んで、ともに安置され、四国霊場の総鎮守の寺として開基された。

神仏習合の「三間の稲荷」と親しまれてきたが、明治の神仏分離によって稲荷神社と分離、かつての本堂は稲荷神社の社殿となった。旧観音堂に祀られていた十一面観世音菩薩は、ご本尊として、新たに建てられた本堂に移された。旧本堂に祀られていた稲荷大明神像も一緒に安置されている。狛犬の右には水子地蔵石像があり、並んで大師堂がある。赤い鳥居をくぐり、石段をさらに四十段ほど上ると稲荷神社があり、上り口には七福神の石像がある。旧本堂の稲荷神社だが、お参りする人も少ないのか、少し寂しげに見えた。

第四十二番札所　仏木寺（ぶつもくじ）

牛馬や家畜を守護する◆一㮶山（いっかざん）　毘盧舎那院（びるしゃないん）◆二〇一九年十月三十一日

龍光寺から第四十二番仏木寺まで約三キロ。途中に山道もあり、一時間程度を見込む。龍光寺の駐車場の裏に造成された墓地の擁壁に「遍路道」の表示がある。この道を上り詰めると山道になり、龍光寺の西側の尾根道から県道31号線に至る約四百五十メートルが「伊予遍路道の仏木寺道」として、国の史跡に指定されている。県道31号線に出ると、歩道のある二車線の直線道路が続く。刈り取られた田んぼの中の道は、「三間コスモス街道」と名付けられ、可憐なコスモスが咲き乱れている。その先の小高い山の裾野に、仏木寺の堂宇の屋根が見える。道路沿いの柿の実が色づき、秋たけなわの雰囲気を存分に味わえた。

道路脇で堂々とした山門が出迎えてくれた。入母屋造りの楼門で、老朽化のため建て替え工事が行われ、平成二十三（二〇一一）年に落慶したものである。

山門に掲げられた額の文字は「一㮶山」。すぐ目の前の修行大師像が快く迎えてくれる。まっすぐ行くと珍しい茅葺き屋根の鐘楼がある。元禄年間（一六八八～一七〇四年）に建

県道沿いに咲き乱れるコスモス

「一锞山」の扁額を掲げた山門

てられたもので、平成二十六（二〇一四）年に茅の葺き替えが行われている。

石段を上り、右側に曲がる参道沿いに納経所があり、向かい合って不動堂がある。ここでは護摩焚きが行われる。もともとは大師堂だったが、現在の大師堂のある場所から移したものである。隣に聖徳大師堂がある。それに並ぶようにして観音菩薩像があり、その奥に本堂がある。

この本堂は享保十三（一七二八）年に吉田藩主・伊達村賢が建立したものである。般若心経を唱えた後、内部を拝観させてもらった。ご本尊は建治元（一二七五）年の作とされ、宝冠を頂き、智拳印を結ぶ金剛界大日如来である。像の高さは約百二十センチでカヤ材が使われている。背面には大ぶりな円形光背が

護摩焚きが行われる不動堂

ある。愛媛県の指定有形文化財となっている。

このお寺には次のような伝説が残されている。

大同二（八〇七）年に空海がこの地を訪れた際に、牛を引いた老人に出会った。その老人に勧められるままに牛の背に乗り、歩んでいると、大きな楠の梢に宝珠が架かっているのを見つけた。その宝珠は、空海が修行を終え唐から帰国する際に、「縁のある場所へ」と東の空に投げたものだった。空海はこの地が霊地であることに気づかれ、楠で大日如来像を刻み、眉間にその宝珠を埋め込み、これをご本尊とするお寺を建てられた。空海が牛の背に乗り、この地を訪れたことから、家畜守護のお寺ともされている。

本堂の横に大師堂がある。この大師堂は昭

1728年に建立された本堂

牛馬や家畜を守る家畜堂

七福神像

和になって建てられたもので、もともとここにあった建物は不動堂として移された。

大師堂は前堂と後堂があり、前堂には白く着色された大師像が安置されている。後堂には木造弘法大師坐像が安置されていて、胎内の墨書には「正和四（一三一五）年十月五日開眼」と書かれており、銘入りの大師像としては日本最古のものとされている。檜の寄木造りで、像の高さは約八十八センチ。愛媛県指定有形文化財となっている。

本堂の右側に家畜堂がある。仏木寺は牛馬や家畜の守り本尊として、信仰を集めている。近隣の農家は田植えが終わると参拝し、守護札を受けて帰り、家畜小屋の柱に貼り付けたという。毎年土用の丑の日には人や牛馬の身代わりの胡瓜に病気を封じ込める、「胡瓜封じ」が行われている。小さなお堂だが、祭壇にはミニチュアの牛や馬の草履をはじめ、牛や馬の陶器や額などが所狭しと供えられている。

この他、鎮守・明神宮（祠）が本堂の背後にあり、天照大神や神武天皇、菅原道真が祀られている。大師堂の左側には残木堂（祠）がある。ご本尊を造った残りの木を祀ったものである。また家畜慰霊塔や六百年前の平家の落人の慰霊塔があり、六地蔵像や七福神像、災難厄除地蔵尊などの石仏もある。

あまり広い境内とはいえないが、見どころの多い素朴なお寺であった。

第四十三番札所　明石寺（めいせきじ）

日本最古のお寺と伝えられる◆源光山（げんこうざん）円手院（えんしゅいん）◆二〇一九年十月三十一日

仏木寺から第四十三番明石寺まで十・六キロ。三時間半ほど歩いて、十五時頃には着けるだろう。仏木寺の仁王門に一礼し、目の前の横断歩道を渡り、高速道の下を通る遍路道を歩き始めた。川沿いの道はいかにも遍路道らしく、両脇に雑草が生い茂っている。秋晴れの心地よい陽射しを浴びて歩く。もう十一月になろうというのに汗ばんでくる。快調に歩み続け、県道に近づくと遍路道は広い農道になる。以前は県道を歩き、長い歯長トンネルを通り抜けたことを思い出す。車の排気ガスや壁に反射する音に悩まされたものだ。

あれから二十三年も経つと、遍路道にも変化があり、歩き遍路用の地図は小さなため池のある道を示している。遍路道は舗装された広い道路から分かれて細い山道に入る。

割り石がきれいに敷き詰められた山道を、足元に気を配りながら上る。ところどころに明石寺の方角を示す手のひらが刻まれた石柱や、「へんろみち保存協力会」の赤い遍路姿の標識がある。やがて遍路道は県道と合流する。しばらく歩いていると、道路脇に階段があり、それを上ると休憩所がある。仏木寺から二・二キロ地点である。五分ほど休憩。小屋のすぐ後ろに「遍路道」を示す標識があり、それに従って階段を上る。

しだいに車の音は遠のき、小鳥のさえずりさえ聞こえない静かな山道になる。落ち葉を踏みながら歩くのは気持ちがよい。見晴らしのよい場所では、これまで歩いてきた道や三間平野を展望し、一息入れる。

途中で一ヵ所、がけ崩れがあったようで、木杭にロープが張られていた。すぐ横には人の踏み跡があり、かなりの人がこの道を歩いているようだ。尾根道に差しかかると、遍路道は急斜面になる。山肌に沿って鎖が添えられており、それを頼りに上る。チェーンは延々と続き、息切れや汗に悩まされる。

見晴らしのよい場所で一休み

この上り道に体力を費やし、空腹とともに疲れも出始める。考えてみると、仏木寺の近くでおにぎりを一個口にしただけである。しかし、立ち止まって食べるほどの食欲はない。我慢しながら上り続け、ようやく峠に到達した。標高四百九十五メートルの歯長峠である。「村営造林記念碑」と書かれた石碑があり、その横にブロック造りの小さなお堂がある。仏木寺の別院である。お堂の中には送迎見送大師と地蔵六体が安置されていた。横の壁には、西予市の教育委員会による「歯長峠」の歴史や由来が書かれた案内板があった。

それによると、昔はこの峠が宇和への入口でもあったために戦略上の要衝でもあった。ここで宇和の軍勢と土佐勢が何度も戦い、土佐の長曾我部の軍勢によって宇和は滅ぼされた。昭和の初め頃までは宇和と三間や宇和島を結ぶ生活道路として、大勢の人たちがこの峠を行きかっていた。昭和四十五（一九七〇）年に歯長トンネルなどが開通し、県道宇和三間線が完成するまでは、この遍路道が唯一の道路であったという。

峠には明石寺への遍路道を示す古い石柱があり、ここから下り道になる。歯長峠を下りきったところに小さな歯長地蔵がある。仏木寺から四・九キロ地点である。

その地蔵堂に寄り添うように小さな「遍路の墓」がある。お遍路の途中で亡くなった人の墓石で、なかには文政という文字も読み取れる。遍路道沿いには道中で亡くなった人たちの墓石がたくさんある。特に焼山寺などの厳しい遍路道沿いには、幼い子どもの名前が

遍路の墓

書かれた墓石も多く見かけた。時代とともに遍路のルートも変わり、今回はほとんど見かけなかった。

この墓石もきっと、歯長峠の険しい山道で亡くなった人たちが葬られ、静かな眠りについていたのだろう。だが、道路工事などのために、ここに移転を余儀なくされたのだろう。少なからぬ哀れを感じ、手を合わせて冥福を祈った。

十五時三十分。峠を越すのに時間がかかり過ぎてしまった。少し速足で歩かないとお寺が閉まってしまう。ここから明石寺まで六キロ。何の変化もない県道を歩き続けるうちに腰の周りが痛み始めた。歩みもだんだん遅くなる。それでも時間を気にして歩き続けた。

お寺まであと六百メートルという地点になり、一休みするともう立ち上がれなくなってしまう。それでも無理に歩き、明石寺の駐車場近くの神社の擁壁に座ると、そのまま横転。仕方なくタクシーの世話になり、明石寺のお参りは後日ということになってしまった。

二週間後の十一月十六日。体調も回復。朝十時十五分松山駅発の下り特急に乗り、卯之町駅に十一時十四分に到着。前回この駅の改札口で、疲れから転倒したことを思い出しながら歩き始める。駅から明石寺まで一・七キロ。お昼頃にはお参りできる予定。

若い頃、仕事のため卯之町で三年過ごしたことがある。土地勘はあるつもりだった。しかし、五十年も昔のことで様変わりしている。町並みは整備されて「宇和文化の里」と名付けられ、国の重要伝統建造物群保存地区に指定されている。その卯之町を歩く。

やがて遍路道は上り道になる。「四国の道」の標識があり、この辺りから山道となる。明石寺までの七百五十五メートルは、平成三十一（二〇一九）年に「伊予遍路道」として国の史跡に指定された。杉や檜に囲まれた山道で、気持ちのよい森林浴を味わえる。

両側の山を切り開いた峠があり、少し下ると明石寺の屋根が木立の間に見えてくる。まず目につくのは熊野神社の古びた鳥居である。それに並んで石段がある。この石段と周りの石垣は国の登録有形文化財に指定されている。その先に仁王門がある。杉や松の老木に囲まれた風格のある仁王門で、これも国の登録有形文化財に指定されている。

石段とその上の仁王門

仁王門。明治34（1901）年頃建築

延命地蔵堂の秋を楽しむ

　仁王門には大きな草鞋も奉納されている。迫力のある仁王様の許しを得て門を通ると、右手に延命地蔵堂がある。紅葉に包まれ、秋の情緒を感じる。さらに石段を上ると正面に唐破風（からはふ）造りの本堂がある。明治二十三（一八九〇）年頃の建築で有形文化財である。

　ご本尊の千手観音菩薩は、毎年八月九日にご開帳される。天井には、信徒が奉納したという、めでたい絵柄がはめこまれている。その周りも美しい彫刻が施されている。

　寺伝によると、欽明（きんめい）天皇（在位五三九～五七一年頃）の勅命により、円手院正澄（えんしゅいんしょうちょう）という行者が、唐から来た千手菩薩像を祀るために、このお寺を創建したという。現在でもご本尊は千手観音菩薩で、お寺の院号も円手院となっている。

仁王門から見た本堂

本堂の右側に宝形造りの大師堂がある。お堂の中の大師像を拝顔した。

大師堂の前にある鐘楼は、江戸時代末期のもので、有形文化財に指定されている。

大師堂のすぐ横に仏足石がある。お釈迦様の左足の足跡を刻んだものである。合掌した手で体の具合の悪いところをなでると、その障害が消え、願いが叶うといわれている。

その他の見どころとしては「弘法井戸」や、左手に水瓶を持った「しあわせ観音」、源頼朝が建てた「池禅尼の供養塔」、見事な枝ぶりの夫婦杉などがある。

しばらく古刹の秋を堪能し、本堂の左手にある熊野神社を鳥居から参拝した。かつては熊野十二社権現の神々が鎮座されていたようだが、今は訪れる人もなく荒れ果てていた。

第四十五番札所　岩屋寺（いわやじ）

岩山全体がご本尊の山岳霊場◆海岸山（かいがんざん）◆
二〇一九年十一月二十三日

十一月二十三日、天気予報では松山地方は快晴である。紅葉狩りも兼ねて、第四十四番大寶寺（だいほうじ）と第四十五番岩屋寺にお参りすることにした。八十三歳という年齢を考え、バスを利用し、まず岩屋寺に向かう。朝六時五十分、県庁前バス停を出発。途中で乗り換え、岩屋寺前に九時十分到着。お寺のある久万（くま）高原地方は、冬の天気のよい日は霧に覆われることが多い。バス停のすぐ横に赤い高欄の橋がある。そこに「岩屋寺」と書かれた石柱と、少し小ぶりの「国指定重要文化財大師堂」と書かれた石柱が立っている。

この橋を渡るところから参道となり、約六百メートルのきつい上り道になる。橋の辺りの標高が四百四十メートル、本堂は標高五百八十五メートル地点にあるので、標高差が百五十メートル近くある。少し上ると、お土産などを売る店が並んでいる。道幅は狭く、ここから急な上り道になる。

参道の途中に石柱門があり、その上に仁王様の役割を果たす小さな金剛力士像が立って

荘厳な雰囲気が漂う山門

山門から続く石段

いる。壮大な山門は昭和九（一九三四）年に建てられたものである。その先には山道へと続く石段が控えている。足腰の弱い人たちにとっては、苦行の上り道である。

途中で修行大師や、お寺のご本尊である不動明王、その眷属の制多迦童子が出迎えてくれる。これ以上は歩けないからと、同行者に納経をお願いする人もいる。

秋の色が濃い急こう配の坂道を上っていくと赤い極楽橋があり、この辺りからたくさんの石仏を見かけるようになる。延亨四（一七四七）年に建立された「虚空蔵菩薩堂」や故人の菩提を弔う石仏もある。本堂に向かう石段の下にある「道開き不動」は苔むしており、風情を感じる。本坊が近づくと「南無阿弥陀仏」と書かれたのぼり旗が並び、水子地蔵が参道に沿って祀られている。

長く辛い参道だったが、ようやく鐘楼や手水場、納経所のある場所にたどり着いた。

洞窟の中にある「穴禅定」をお参りする。お水供養所といわれて本堂の真下にあり、「かなえる不動・地蔵尊」とも呼ばれている。暗い洞窟で、暗闇の中を歩くことになる。たまたま岩壁に沿ってろうそくを灯しながらお参りをする人たちがいて、便乗させてもらった。暗がりの中を二十メートルほども歩いたろうか、突き当りに弘法大師の石像が祀られていた。この下からは霊水が湧き出している。

そびえ立つ岩峰に抱かれて

本堂は岩山に沿うようにして建てられている。岩山が本堂を守っている、という感じである。境内から背後の岩山を見上げると、胎蔵峰、金剛界峰という二つの岩峰が天に向かってそびえ立っている。その足元に本堂や大師堂がある。本堂は大師堂よりも小さいが、これは岩山全体がご本尊とされているためという。

寺伝によると、弘仁六（八一五）年に空海が霊地を探し求めて入山したところ、法華仙人という神通力をもった女性に出会った。仙人は空海の虚空界の教えに帰依してこの岩山を献上し、往生を遂げた。そこで空海は不動明王の木像と石像を刻み、木像はお堂を建ててご本尊として安置され、石像は奥の院の岩穴に祀って秘仏とし、岩山全体をご本尊としたといわれる。金剛界峰には、法華仙人の修行の跡と舎利塔が残っている。

お寺は明治三十一（一八九八）年に仁王門と虚空蔵堂だけを残し、ほとんどが焼失した。その後、大正九（一九二〇）年に大師堂、昭和二（一九二七）年には本堂、昭和九（一九三四）年には山門が再建されて現在に至っている。

本堂の背後には法華仙人窟跡があり、梯子を使って上れる。本堂の右手にある梯子を上ってみると、木製の五輪塔が祀られていた。

本堂の左側に、紅葉を背にした大師堂がある。本堂より一まわり大きく、堂々とした建物である。伝統的な仏堂建築に、西洋建築の様式を取り入れた、近代仏堂の代表作とされる。国の重要文化財に指定されている。

和洋折衷の大師堂

大師堂の奥にある仁王門は古く、見た目には廃屋とでも言いたくなる。しかし、寛政二（一七九〇）年に落慶した由緒ある建物である。以前の遍路旅ではここから山越えをして大寶寺へ歩いた。当時のことを思い出しながら、三十六童子行場へと足を踏み入れた。

三十六童子は不動尊の使者とされている。五百メートルの間に一番の矜羯羅童子（こんがらどうじ）から三十六番目の烏倶婆誐童子（うぐばがどうじ）に至る石仏が道筋にある。納経所でご朱印を頂く。ここから古岩屋経由で大寶寺まで歩こうかとも思ったが、体力を考えて引き返すことにした。

山から下り、ご本尊の岩山を眺めると霧も晴れ、紅葉に包まれていた。参道の入り口の周りも真赤に色づいた葉で彩られている。秋の風情を存分に楽しめたお参りだった。

三十六童子を参拝

第四十四番札所　大寶寺（だいほうじ）

杉の巨木が林立する山間の霊場◆菅生山（すごうさん）大覚院（だいかくいん）◆二〇一九年十一月二十三日

種田山頭火は二度四国遍路に出かけており、昭和十四（一九三九）年の十月から出かけた二度目の遍路旅の様子を『四国遍路日記』に著している。十一月二十一日は「早起、すぐうえの四十四番に拝登する、老杉しんしんとして霧がふかい、よいお寺である」と記している。また前日の二十日は「岩が大きな岩がいちめんの蔦紅葉」という句を残している。この句は岩屋寺の秋の光景を詠んだものと思われる。今回、約五十年の時を経て、私も岩屋寺から大寶寺へのコースをバスでたどる。

午前中に岩屋寺のお参りをすませ、山を下り、岩屋寺前バス停に着くと十二時半になっていた。久万高原方面へのバスが出るまで、三十分ほど余裕がある。その間、美しい秋の光景にカメラを向ける。

定刻の十三時五分に来たバスに乗り、二十分ほどで大寶寺口バス停に着いた。そこから左へ山間の道を五百メートルほど歩くと、大寶寺の境外駐車場がある。そこに参道の案内表示がある。この駐車場は、もとは大寶寺の塔頭副院であったが、明治七（一八七四）年の大火によって焼失し、現在は小さなお堂と門の一部を残すだけである。この駐車場の前から大寶寺の表参道を歩く。赤い欄干の勅使門を渡る。

この先は、山頭火が「老杉しんしんとして」と記した杉の巨木が林立する。木漏れ日が足元を明るく照らす。古い地蔵堂も巨大杉に囲まれている。仁王門がすぐ近くにある。一対の仁王様は歴史の重みを感じさせる迫力がある。総檜造りで、背丈は約三メートル。室町時代の作とされる。明治七（一八七四）年の火災で仁王門は焼失したものの、仁王様は無事であった。仁王門には大きな草鞋も奉納されており、百年に一度取り換えられることになっているが、見た目にはまだ新しい。

入母屋造楼門の仁王門

紅葉の中の六地蔵

石段の上の本堂

石段を上ると右側に納経所があり、すぐ目の前に芭蕉塚がある。芭蕉三十三回忌の法要を営んだ際に建てられたもので、四国霊場の芭蕉塚の中で最古とされる。お賽銭入れのざるを手にしてちょこんと鎮座している六地蔵も、黄色い落ち葉とともに、のんびりした時間を過ごしているように見えた。宿坊寄りの小さな池には、七福神が乗った宝船がある。

さらに紅葉に包まれた石段を上ると、左右に鐘楼がある。石段の左側にあるのが昔からある鐘。右側にあるのは太平洋戦争で亡くなった地元の英霊を供養する平和の鐘である。

正面に本堂がある。この銅板葺きの本堂は三度火災に遭い、現在の建物は大正十四（一九二五）年に再建された。寺伝によると、百済から亡命した聖僧が携えた十一面観音を安置したのが始まり。飛鳥時代の大寶元（七〇一）年に安芸から来た明神右京・隼人の兄弟の猟師がその観音像を見つけて草庵を建てたという。その後、文武天皇の勅命により寺院が建立され、元号にちなみ「大寶寺」となる。空海が第四十四番霊場と定め、天台宗から真言宗に改宗。仁平二（一一五二）年に失火によって寺は焼失するも四年後に後白河天皇の勅使が天皇の病の平癒を願ったところ成就したため、勅願寺とし、七堂伽藍を有する寺院として再興。その後も二度の火災に見舞われるも、地元の人々の寄進により再建された。

本堂の右側にブロンズの十一面観音立像がある。その右側に御影堂といわれる大師堂がある。昭和五十九（一九八四）年に再建されたもので比較的新しい。

第四十六番札所　浄瑠璃寺

霊験のあるさまざまな石が伝わる◆医王山養珠院◆二〇二〇年二月十一日

二月十一日、建国記念日。快晴である。天気予報によると、この日を逃すと当分は雨か曇りの日が続くという。そこで今日、第四十六番浄瑠璃寺と第四十七番八坂寺にお参りすることにした。祝日なので、バス便が少なく、時間の配分に気を遣った。

県庁前を九時十九分に出る森松行きのバスに間に合うよう、家を出た。バス停に着くと、老人用乳母車に座っている女性がいた。定刻通りにバスが来ると、その女性は軽々と乳母車を持ち上げ、バスの中に運び込んだ。手助けの必要はなかった。

バスは市内を抜け、周りに田んぼが見え隠れするようになると、森松に着く。この停留所は各方面のバスが発着するバスターミナルである。五分ほど待って、丹波行きのバスに乗る。すると先ほどの女性も乗り込んでくる。その人は「浄瑠璃寺は七月頃になると、ボタンの花がきれいに咲きます」と教えてくれる。十時十分、浄瑠璃寺前に到着。その女性もここで降りる。どうやら地元の人らしい。お寺の入口はどこか尋ねると、「いろいろあるけど、あそこが正面です」と教えてくれた。見るとバス停のすぐ近くに石柱と石段があった。ずいぶん素朴な山門である。

右側の石柱には「医王山浄瑠璃寺」と刻まれ、左側には正岡子規の句が刻まれている。

子規の句は達筆すぎて読み取れない。同じ思いをする人が多いのか、すぐ前に「永き日や衛門三郎浄瑠璃寺　正岡子規」と書かれた、白い木の柱があった。このお寺の近くに四国遍路の祖とされる衛門三郎の故郷がある。また「衛門三郎の里」という現代美術館もあり、縁の深い寺である。子規もそれを意識して句に詠んだようだ。

石段を上ると境内は樹木に覆われ、静まり返っている。このお寺にはさまざまな霊験のある奇岩などがあり、白い木柱にはそのご利

素朴な山門

益が書かれている。

石段を上ってすぐ右側に鐘楼があり、「薬師十二願の鐘」と書かれている。この鐘楼のそばに「知恵と技能」と刻まれた自然石がある。そこには「あらゆる文化を造り出す手先に感謝を」と書かれた木柱が立っていた。指の間に張られた水かきで、もれなくお救いくださるという、仏の手の形が刻まれた「仏手石」は、知恵と技能のご利益がある。「九横封じの石」は平らな巨石。人に降りかかる九つの不慮の災難を遠ざけるために加持が施されている。参道の左側に納経所がある。そのそばの手洗場には親亀の背中に子亀が乗っているユーモラスな石像があり、手水鉢の中にはガマ蛙がいる。

その近くに「仏手花判（ぶっしゅけばん）」があり、仏の指紋とされている抽象的な図が刻まれている。仏の実印ともいわれる。「なでて心身堅固文筆達成を念ずべし」と書かれた木柱があるので、文筆達成のご利益があるようだ。その先に仏足石があり、「健脚交通安全、仏の足跡、ハダシで踏みましょう」と石板に書かれている。素足で踏むと健脚のご利益があるという。

参道に沿って中央付近に、延命、豊作のご利益がある「籾（もみ）大師」が鎮座する。大師を守るようにイブキビャクシンの巨木がそびえている。樹齢は千年を超し、幹周りが四・八メートル、高さは約二十メートル。松山市の指定天然記念物であり、弘法大師が加持したとも伝えられる。

知恵と技能のご利益がある仏手石

亀と蛙がいる手洗い場

イブキビャクシンの巨木

お釈迦様が説法、修行されたインドの山の石が埋め込まれた「説法石」もあった。

正面に本堂がある。木漏れ日の中にたたずむ姿は美しい。赤い前かけをしたお地蔵さんに見守られてお参りする人々に交じり、私も般若心経を唱える。たくさんの折鶴が飾られているのが印象的だった。

寺伝によると、和銅元（七〇八）年に大仏開眼を前に布教に訪れた行基がお堂を建て、白檀の木でご本尊の薬師如来と脇仏の日光・月光菩薩、十二神将を自ら刻んで安置してこのお寺を開いたとされる。その後、大同二（八〇七）年に空海が訪れ、荒れ果てたお寺を再興された。その際、薬師如来の浄土が東方浄瑠璃土であることから、浄瑠璃寺と名付けられ、四国霊場四十六番目の札所としたと伝えられている。

室町時代末期、地元の荏原（えばら）城主・平岡道倚（みちより）が病気治癒を祈願し、成就したため土地を寄進、堂宇を建てた。しかし、正徳五（一七一五）年の山火事により、ご本尊と脇侍を除いて焼失。七十年余り後、村の庄屋から出家して住職になった堯音（ぎょうおん）の尽力によって、堂宇は再興された。

堯音は七十六歳で托鉢僧となって各地を回り、喜捨を集めて、水害に悩まされていた岩屋寺から松山市内の立花橋に至る遍路道の整備を行い、八つの橋を架けたという。

本堂の右側に大師堂がある。大師堂と呼ぶにふさわしい雰囲気のお堂である。五色の紐

美しいたたずまいの本堂

で参拝者と大師との縁が結ばれるようになっている。参拝しながら、紐を引くとすだれが少し上がり、大師のお顔を拝める。

傍らには「だっこ大師」と呼ばれるかわいらしい木像がある。空海の幼名は「佐伯真魚（まお）」だが、その当時の体重と同じぐらいで、抱き上げて涙を流す信者もいるといわれる。

左側には「一願弁天」と呼ばれる社がある。浄瑠璃寺の守護神で、願い事を一つだけ叶えてもらえる。また、蓮の花が見事な弁天池や牡丹苑などもある。花の季節にまた訪れてみたいものだ。知恵の灯りで人生を照らしてくれる「燈ぼさつ」もあった。

十一時二十分、浄瑠璃寺を後にして、金剛杖を頼りに遍路道を歩き始めた。

第四十七番札所　八坂寺（やさかじ）

地獄と極楽が描かれている◆熊野山（くまのざん）妙見院（みょうけんいん）◆二〇二〇年二月十一日

浄瑠璃寺から第四十七番八坂寺まで約九百メートル。道後平野の田園風景を楽しみながら、同行二人（弘法大師とともに）を味わう。遍路道が八坂寺の参道に出合い、正面にお寺の建物が見える。山門は橋門となっており、「極楽橋」と呼ばれる屋根付きの橋が架かっている。この橋門の左側の柱に「四国霊場第四十七番八坂寺」と書かれた木の札が掲げられている。天井には極楽浄土の美しい絵があり、二十二の菩薩と阿弥陀如来が描かれる。

橋を渡ると、宝篋印塔（ほうきょういんとう）といわれる石塔がある。この石塔は呉越の国の銭弘俶（せんこうしょく）が宝篋（ほうきょう）印心呪経（いんしんじゅきょう）などを納めるために鎌倉中期に作ったもので、高さは約二メートル。先に少し急な石段になる。途中に鐘撞堂がある。また、本堂に向かう石段の十段目の左側に「救いの手」という石がある。この石の傷は、お遍路さんが石段の上から転げ落ちたときに付いた手の跡だという。そのとき怪我がなかったことから「九難を去る救いの手、足や目に霊験がある」といわれている。石段の正面に、鉄筋コンクリート造りの美しい本堂がある。

お寺の入り口にあたる橋門

極楽浄土の天井絵

本堂の地下の万体阿弥陀仏

寺伝によると、修験道の開祖・役行者が六百年代頃に開いたのが始まりとされる。大宝元（七〇一）年に文武天皇の勅願寺として、伊予の越智玉興公が七堂伽藍を創建した。このとき大友山（大友城跡）に八ヵ所の坂を切り開いて伽藍を創出したことから、「八坂」という名前がついた。この名はますます栄えるという意味の「いやさか」にも通じる。

その後空海がこの地を訪れ、荒廃した寺を再興して、四国霊場と定められた。

紀州から熊野権現の分霊や十二社権現を祀り、修験道の根本道場として栄えたが、天正の兵火によって焼失。現在のお寺は、かつて熊野権現や十二社が祀られていた宮跡である。

ご本尊の阿弥陀如来坐像は五十年に一度ご開帳される秘仏である。この像は浄土教の理

大師堂の五鈷杵

論的な基礎を築いたとされる、恵心僧都源信（九四二～一〇一七年）の作と伝えられる。愛媛県の有形文化財に指定されており、次のご開帳は二〇三四年である。

本堂の地下には、信者から奉納された八千体もの阿弥陀如来坐像が安置されている。本堂の左側に閻魔堂がある。その両脇にトンネルの形をした小さな建物がある。向かって左側の建物には「地獄の途」、右側の建物には「極楽の途」が描かれている。お参りする人は、左の地獄から右の極楽へ導かれるようになっている。その左側には大師堂がある。お大師様と御手綱でつながり、そこに置かれている大師様が手にしているのと同じ五鈷杵に触れることで、より深いご縁ができるとされている。

第四十八番札所　西林寺

邪悪なものは無間地獄に落ちる関所寺◆
清滝山　安養院◆二〇二〇年三月十八日

今回は松山市内にある三ヵ所のお寺にお参りすることにした。まずは第四十八番西林寺である。愛媛県庁前九時四十九分発のバスに乗り、森松バス停で乗り換え、西林寺の奥の院になっている「杖ノ淵公園」に十時三十分に到着。ここから金剛杖を頼りに、今日の遍路旅を始める。

杖ノ淵公園は、空海が渇水に苦しむ村人のために杖を突いて清水を湧出させたと伝えられるところから、この名がある。全国名水百選にも選ばれ、公園として整備されていて、市民の憩いの場となっている。公園の一角に修行大師の像があり、西林寺の奥の院と位置付けられている。

公園の裏から続く遍路道を二百メートルほど歩くと、県道を挟んで西林寺を展望できる。山門前の橋の手前に「南高井大師堂」と名付けられた番外霊場がある。これは阿弥陀如来立像と大師像が祀られた小さなお堂である。その先の「さいりんじはし」と橋名板に書かれた太鼓橋を渡ると、右側の「白玉地蔵」、左側の「洗心の塔」が出迎えてくれる。

この橋を渡って、一段低い場所に山門や境内がある。そのため地獄の入り口にたとえられ、「邪悪なものが境内に足を踏み入れると無間地獄に落ちる」とされる。この寺が「伊予の関所寺」といわれるゆえんでもある。

目の前の山門に一礼。入母屋造りの堂々とした楼門である。両脇には仁王様が控えている。山門を入ると、すぐ目の前に鐘楼がある。並んで水子地蔵と地蔵堂がある。

裏側に納経所があり、外国人の参拝者に出会う。ドイツから来たという。「新型コロナで世界中が鎖国状態になっているのに、どうやって帰国するのか」と問いかけたいが、さほど語学力がないので、ありきたりの短い会

入母屋造りの堂々とした山門

話を交わしながら二人で本堂まで一緒に歩いた。

本堂は仁王門の正面奥にあり、大屋根の立派な建物である。ご本尊の力が強すぎるため後ろ向きに安置されているともいわれ、裏からお参りする人もいたが、今ではそれは否定されている。「ご本尊の力が強いため後ろからお参りしてもご利益がある」といわれたものが、誤解されて伝わったようだ。ご本尊は秘仏だが、前立仏と、脇仏の不動明王立像、毘沙門天立像は拝顔できる。

このお寺は天平十三（七四一）年、聖武天皇の勅願を受けて行基が開山したという。もともとは、ここから東北約三キロメートルの「徳威の里」といわれた場所に、行基と伊予の国司・越智宿禰玉純（おちのすくねたまずみ）が一宮別当としてお寺を建立した。ご本尊の十一面観世音菩薩は行基が刻んだとされている。

大同二（八〇七）年にこの地を訪れた空海が、国家の安泰を祈願する道場として、現在の地にお寺を移したと伝えられる。

その後寛永年間（一六二四～一六四四年）に焼失したが、元禄十三（一七〇〇）年に松山藩主・松平定直が一部を再建。宝永四（一七〇七）年に西林寺の中興の祖とされる覚栄法印が、村人の要請を受けて雨乞いの祈祷を行い、成就したのを機に松山藩が帰依し、本堂や鐘楼を再建した。江戸末期に大師堂や仁王門が復興した。

風格のある本堂

本堂の右側に平成二十（二〇〇八）年に再建された、真新しい大師堂がある。大師像と、両脇の興教大師、専誉僧正の像を拝顔できる。

境内には見るべきものが多い。災害除けのご利益がある「土参り大師」や阿弥陀堂、白壁が目を引く茶堂もある。また、六道において衆生を救うといわれる六種の地蔵菩薩の名前が刻まれている「六地蔵」。納経所の庭園には、お参りすると一つだけ願いを叶えてくれるという福授地蔵菩薩が安置されている。本堂の前には一叢の竹がある。孝行竹といわれ、親竹と子竹が離れないで生えてくることから、家庭円満の竹とされている。

十一時三十分、仁王門の前で一礼し、第四十九番浄土寺に向かう。

第四十九番札所　浄土寺（じょうどじ）

空也上人ゆかりの霊場◆西林山（さいりんざん）　三蔵院（さんぞういん）
◆二〇二〇年三月十八日

西林寺から第四十九番浄土寺まで三・二キロ。仁王門の横の県道を横断し、西に向かって狭い道を歩く。その道筋には、石鎚山などに一緒に登ったことのある知人の墓があり、墓参りをしたかったが、時間の都合で次の機会に譲ることにする。

高井公園を右に見ながら歩き続ける。近年この辺りに新しい家が次々に建ち、のどかな田園風景も消え去ろうとしている。遍路道は二車線の広い道路に合流した後、松山リハビリテーションの大きな建物の横を通る。交通量が多く、気を遣う。ここまで来ると、昔ながらの古い店などがあり、遍路道筋の街道といった名残を感じる。

小学校の校門があり、スーパーマーケットの前を過ぎると、伊予鉄高浜横河原線の踏切に差しかかる。その先の車の往来の激しい旧国道を横断すると、正面に日尾八幡神社の石段と赤い鳥居が見える。この神社は宇佐八幡から分霊したもので、かつては浄土寺の別当であったともいわれ、「久米八幡宮」と地元では呼ばれている。

歩き遍路姿の男性が、神社の石段の隅に荷物を置き、神社の石垣に沿って右の狭い道へと歩いていく。その後をついていくと、百メートルほど先に第四十九番浄土寺があった。

四月半ば頃になると、仁王門の前の御衣黄（ぎょいこう）桜（ざくら）が、淡い緑色の花を咲かせる。三月中旬では少し時期が早く、その桜を観賞できないのが残念だ。すでに十二時三十分を過ぎている。仁王門の近くのベンチに座り、コンビニで買ってきた野菜サンドと紅茶で腹ごしらえをし、お参りする。

仁王門は大正十一（一九二二）年に再建。扁額に「西林山」と書かれてある。一瞬、四十八番札所かと戸惑う。一時右側の「阿」像の目玉がなくなり、盗まれたともいわれていたが、今は両眼とも修復されている。

「西林山」の扁額がある仁王門

仁王門を通り、境内に入る。右手の手水場の背後には弁財天堂があり、周りは小さな池に囲まれていた。正岡子規の「霜月の空也は骨に生きにける」という句を刻んだ句碑がある。「骨に生きる」とは、空也の肉体が白骨となっても人々の胸には念仏の教えが残っている、という意味だ。空也は平安時代中期の天台宗の高僧で、天徳年間（九五七～九六〇年）にこの寺に滞在して布教に努めた、と伝えられている。

手水場で手を清め、石段を上ると右に鐘楼がある。鐘の奥に四ツ足門があり、その先に納経所がある。納経所の手前では七福神の石像が笑顔で迎えてくれる。参道の先に堂々とした本堂がある。室町時代の文明十四（一四八二）年に再建されたもので、国の重要文化

正岡子規の句碑

財に指定されている。寄棟造りで本瓦葺き。本堂の厨子には巡礼者の落書きが数点あり、最古のものは室町末期の大永五（一五二五）年と書かれているという。

本堂には「木造空也上人立像」が安置されているが、非公開となっている。高さ約百二十二センチの寄木造りで国の重要文化財に指定されている。案内板によると、空也上人は二十歳の頃出家、諸国を遍歴して各地で井戸や池、橋の工事をして「市聖」と尊ばれた。念仏踊りを始めたことは有名である。三年ほどこの地に滞在し、そのとき自ら空也上人立像を刻んだという。この像の空也上人は「南無阿弥陀仏」にちなんだ六体の阿弥陀仏を口から吐き出している。実物は拝観できないが、納経所にはその写真が展示されている。

堂々とした本堂

大師堂

無量壽の扁額がある阿弥陀堂

このお寺は天平勝宝年間（七四九～七五七年）に、孝謙天皇の勅願を受けて恵明（えみょう）上人が創建し、行基が刻んだ釈迦如来像をご本尊として祀ったという。

このご本尊は秘仏のため、造形などは不明である。本堂の厨子の前にある「お前立ち」が釈迦如来坐像であることから、ご本尊も釈迦如来坐像と推定されている。

このお寺は、もともとは法相宗の寺院だったが、空海がこの地を訪れて荒廃した伽藍を再興し、真言宗に改宗した。

その後、空也上人がこの寺に滞在して布教に努めた。建久三（一一九二）年、源頼朝がお寺を修復したが、応永二十三（一四一六）年に兵火によって焼失。伊予国の戦国大名・河野通宣（かわのみちのぶ）が文明十四（一四八二）年に再建した。現在の本堂はその当時のものである。慶安二（一六四九）年には大規模な修繕が行われ、昭和三十六（一九六一）年には解体修理が行われている。

本堂の右隣に大師堂がある。また、本堂の左隣には阿弥陀堂が南向きに建てられている。扁額には「無量壽」と書かれている。これは梵語のアミターユスを漢訳したもので、無限の命を持つものを意味しており、阿弥陀如来を指している。この阿弥陀堂の左に愛染堂が建てられている。

納経所でご朱印を頂き、仁王門に一礼。十三時三十分、第五十番繁多寺（はんたじ）に向かう。

第五十番札所　繁多寺(はんたじ)

皇室や徳川家と縁の深い◆東山(ひがしやま)瑠璃(るり)光院(こういん)◆二〇二〇年三月十八日

浄土寺から第五十番繁多寺まで約一・七キロ。先ほど通った日尾八幡神社を右に見ながら、第五十一番石手寺(いしてじ)への標識のある県道を歩く。道幅が狭く、交通量が多い。直進すれば石手寺に行けるが、十分ほど歩くと、山手に向かう道に繁多寺の案内標識があった。住宅地をしばらく歩くうちに墓地に沿った道になり、ため池の堤防を上るようになる。二つの貯水池に挟まるようにして遍路道があり、その先に山門がある。繁多寺は標高八十メートルの高台にあり、眺望がすばらしい。松山城をはじめ松山市街地や瀬戸内海まで一望できる。お寺の背後は森になっており、景観樹林保護地区に指定されている。ハイキングコースとしても市民に親しまれている。

古刹の雰囲気を感じさせる山門に着く。予定通り十四時だ。一礼して山門を入ると左手に地蔵堂がある。中には小さな石仏が安置されていた。横に庫裏があり、納経所がある。その先には小さな池と弁財天祠がある。石段を上ると本堂の手前右に鐘楼があった。

簡素ながら重厚な山門

鐘楼の天井絵

この梵鐘には「元禄九（一六九六）年に信者から寄進されたものである」といった意味の文字が刻まれる。鐘楼の天井には中国の二十四孝をもとにした「御伽草子」が描かれている。一見に値する鐘楼の前の参道の突きあたりに、樹木に覆われた本堂がある。

本堂は前殿に奥殿が増築されて、奥まった構造になっている。奥殿にはご本尊の薬師如来坐像と、脇仏の日光菩薩、月光菩薩が安置されている。だが、非公開である。

寺伝によると、このお寺は天平勝宝年間（七四九～七五七年）に孝謙天皇の勅願によって行基が開基したといわれ、孝謙天皇の勅願所ともなっている。行基は座高三尺の薬師如来像を彫ってご本尊とし、山号を光明寺とした。しかし、弘仁年間（八一〇～八二四年）に空海がこの地を訪れ、修行した際に現在の東山繁多寺と改名された。

その後、一時お寺は衰退するが、伊予の国司・源頼義や堯蓮などの援助によって再興され、弘安二（一二七九）年には後宇多天皇の命により、聞月上人が元寇退散の祈祷を行っている。また時宗の開祖である一遍上人が太宰府で修行をし、諸国を巡って念仏を説き、伊予に帰郷。正応元（一二八八）年には、亡き父を偲び「浄土三部経」を奉納している。

皇室とも縁が深く、室町時代には後小松天皇の命を受けて、菩提寺だった京都の泉涌寺の快翁師が繁多寺の住職に就いている。また、江戸時代には徳川家の帰依を得、四代将軍・徳川家綱の念持仏三体の一つである歓喜天を祀ることになった。

たくさんの千羽鶴が奉納されている大師堂

歓喜天は歓喜天堂に祀られているが、秘仏となっており、そのお姿は拝観できない。魔除けや商売繁盛、合格祈願などの御利益があるとされている。

本堂の右側に大師堂がある。千羽鶴が多く奉納されて華やかである。頭上から大師と縁を結ぶ紐が下がっている。小さな窓から内部を拝観すると、センサーが感知して大師像をライトアップしてくれる。その陰になって見えにくいが、左側にこのお寺の中興の祖とされる聞月上人像が安置されている。

お参りをすませ御朱印を頂くと、すでに十五時であった。第五十一番石手寺まで二・八キロ。別の機会にお参りすることにして、帰路に就いた。

第五十一番札所　石手寺（いしてじ）

遍路の元祖・衛門三郎伝説が残る◆熊野山（くまのざん）　虚空蔵院（こくうぞういん）◆二〇二一年四月一日

第五十番繁多寺にお参りしてから、一年余りが過ぎてしまった。次の第五十一番石手寺は、我が家から最も近いお寺である。昨年は新型コロナ騒動によりお寺の納経所が一時閉鎖されて、お参りができなかった。それに加えて宮崎市の高齢者施設でお世話になっていた母親が、百九歳で亡くなるまでの八ヵ月間、私も宮崎市内での生活を余儀なくされた。亡くなってからも後始末に時間をとられ、三月の末にようやく落ち着いた。

二〇二一年四月一日。満開の桜に誘われるように、遍路旅の再開を思い立った。この日、松山市内は快晴で、昼間は気温が二十度近くになるという。

朝十時に我が家を自転車で出発。途中、道後温泉を通過したが、新型コロナの影響か温泉街は人通りもなく、シャッターが下りた店も目立つ。足湯や坊ちゃんカラクリ時計のある広場の横を通り抜け、石手寺への坂道を走る。県道は交通量が多いため、歩道を走る。走りにくい場所は降りて自転車を押しながら、三十分ほどでようやく石手寺に着いた。

満開の桜と修行大師が出迎えてくれた

渡らずの橋

新型コロナのせいか、午前中だったからか、人影はなく駐車場もがらんとしている。

石手寺の前の遍路橋を渡る。正面に、新緑で覆われたお寺が見える。お寺の前の桜も満開で、修行大師が出迎えてくれた。小さなお堀があり、太鼓橋がかかっている。その脇に小さな石橋がある。この橋は「渡らずの橋」といわれ、「弘法大師が渡った後は誰も渡ってはならない、この橋を渡ると足が腐る」との言い伝えがある。

ここで少し長くなるが、衛門三郎にまつわる逸話を紹介しよう。

今から千年余り前のこと。松山の南の荏原（えばら）の里という村に、衛門三郎という大変欲張りな大百姓が住んでいた。ある日の夕方、一人の坊さんが托鉢に来た。下男が追い払おうとしたが、お坊さんは立ち去ろうとはしない。家の奥でそれを聞いた衛門三郎は「しぶとい坊主め」と言って、棒で坊さんの鉄の鉢を叩き割った。鉢は八つに割れてしまった。

その翌日から、元気いっぱいだった子どもたちが次々に亡くなり、とうとう八人全員死亡した。衛門三郎は、あのお坊さんは弘法大師という偉いお坊さんで、その鉢を自分が叩き割った罪の深さを知り、許しを得るために、後を追って旅に出ることにした。お金や田畑など、すべての財産を村人に分け与え、死に装束とされた白装束姿で巡礼の旅に出た。二十回も巡拝を重ねたが大師に出会えず、最後に逆にまわる「逆打ち」をし、疲れ果てて第十二番焼山寺の麓で、とうとう行き倒れになってしまった。

弘法大師に許しを請う衛門三郎

そのとき、金色の光の中から弘法大師が現れた。そして「おまえは強欲で、人の道に外れたことばかりしてきたが、苦労してこの長旅を続けてきたから、その罪は消えた」とおっしゃり「最後に何か望みはないか」と聞かれた。衛門三郎はひれ伏し、涙を流しながら「この次の世では名門の家に生まれて人々のために尽くしたい」と答えると、大師は一つの玉のような石を与えられた。

寛平四（八九二）年、領主・河野息利（やすとし）に長男が生まれ、この寺で祈祷を受けると、握り締めていた手を開き、「衛門三郎再来」と書かれた石が現れた。驚いた河野家は寺を建立し、石手寺と名付けたと伝えられている。

また、この逸話から、衛門三郎はお遍路の元祖とされている。

お寺の石畳の参道には屋根があり、回廊になっている。途中には店が並び、土産物や縁起物などが売られている。今日はこの通りにも人影はなく、大半の店はシャッターが閉まっていた。昭和三十五（一九六〇）年頃この近くに住んでいたが、まだ終戦の名残があり、参道沿いに物乞いの人がいたり、白装束の傷痍軍人がアコーデオンなどを鳴らしながら喜捨を乞うたりしていたものだ。

参道を通り抜けると、三間一戸楼門といわれる仁王門がある。高さが七メートル、横四メートルで入母屋造り、本瓦葺き。『伊予古蹟志』によると、河野通継（かわのみちつぐ）が文保二（一三一八年）年に建立したものである。鎌倉期建築の特徴がよく表れ、国宝ともなっている。

仁王門の左右には県指定有形文化財となっている、木造金剛力士像を金網越しに拝顔できる。鎌倉時代後期のもので、運慶一門の作といわれているが、作者は明らかではない。

仁王門の前には、合格祈願のしゃもじや鯛に乗った恵比寿様、船に乗った七福神などが供えられている。遍路旅の安全を祈願して、大きな草鞋も奉納されている。

仁王門に一礼して境内に入る。さまざまな堂宇が建ち並んでいる。右に茶堂、納経所の左右に鐘楼があり、その先に阿弥陀堂がある。正面奥の一段高い石段を上ると本堂、その右に絵馬堂があり、大師堂が並ぶ。

本堂や大師堂の背後にある山には、マントラ洞窟といわれる洞窟がある。本堂の左側後

国宝の仁王門

方に入口があり、大師堂の裏に出口がある。大師堂の右側には訶梨帝母天堂があり、石段を下りると右側に三重塔、左側に一切経堂、鐘楼、護摩堂そして弥勒堂の建物が並ぶ。

三重塔が修復工事中なので、境内が多少狭く感じられるが仕方がない。これまで幾度となく訪れ、見慣れた景色を思い出しながらお参りする。目にする建物はすべて国の重要文化財に指定されている。改めて、それぞれの建物に見入った。

まずは本堂にお参りする。正面石段に巨大な五鈷杵のレプリカが置かれている。空海が唐から持ち帰ったもので、生涯手放さなかったといわれる密教の仏具である。

石段を上がり、本堂にお参りする。本堂は本瓦葺き、単層入母屋造りの仏堂で鎌倉末期に建てられたものとされる。国の重要文化財に指定されている。

本堂の右側には絵馬堂がある。中央に薬師如来が安置され、左右に薬師如来や薬師経を信仰する人たちを守る十二神将、薬師明王の絵が描かれている。

絵馬堂の右手にある大師堂にお参りをする。大きな合格祈願のしゃもじが目を引く。内部を拝観し、目の前で大師像を拝顔できた。左手には先ほど石段で見た五鈷杵を持っておられた。大師堂の背後にまわると、白壁一面に落書きがある。かつては正岡子規や夏目漱石などの著名人の落書きもあり「らくがき堂」とも呼ばれていた。第二次大戦中に塗り替えられてしまい、今は白いボードに自由に落書きができるようになっている。

大師堂の右側に「訶梨帝母天堂（かりていもてんどう）」といわれる小さな祠がある。子授け、安産の神様である訶梨帝母尊（鬼子母神）が祀られている。妊婦はお堂の周りの石を持ち帰り、無事に出産したら、その石と新しい石と、二つの石を返すという風習がある。お堂の左側には石柱がある。衛門三郎の石といわれるもので、「七転び八起衛門三郎再来」と書かれている。石を一つ持ち帰り一年過ぎたら七個添えて返すと、元気と改心、復活が得られるといわれる。

三重塔は工事中であったが、鐘楼や茶堂、護摩堂、弥勒堂など、見どころ満載のお寺である。一通りお参りして御朱印を頂き、参道に一礼し、家路に就いた。

絵馬堂の内部を拝観

衛門三郎の石

大きなしゃもじが立っている大師堂

第五十二番札所　太山寺（たいさんじ）

一夜建立の伝説が残る◆瀧雲山（りゅううんざん）　護持院（ごじいん）◆二〇二一年四月七日

太山寺の起源は、豊後（ぶんご）の国の長者が高浜の沖合で難破したことといわれている。そのため、高浜地区にある松山観光港から、歩いて第五十二番太山寺にお参りをすることにした。

電車とバスを乗り継いで、松山観光港ターミナルに十時に着く。目の前にある小さな公園に沿った道から歩き始める。少し上ると「太山寺へんろ道案内図」という標識が目に入る。この案内図に従って、聖武天皇が法華経の写経を埋めたとされる経ヶ森に向かう。トンネルの上を通る遍路道を上り始める。一息入れて振り返ると、穏やかな海が広がり、足元の港には船が停泊している。のんびりした瀬戸内海の春の光景である。

ここまでは舗装された農道だったが、この先は細い山道になる。二〇一八年の七月、豪雨によって山崩れが起き、道が寸断されたことがあった。通りがかりの地元の人も「もしかしたら道がなくなっているかも」と言う。だが天気もよく、多少は無理をしてもよい、という思いで上り続けた。

言われた通り、道は途中でなくなり、農業用の水路の中を歩くことになったが、それも途中で行き止まりとなる。仕方なく、経ヶ森に向かって藪の中を上る。二十分近く歩くと、霊仙洞跡からの山道に合流する。

「左たいさんじ」と書かれた石の道標のある遍路道にたどり着き、一安心。この山道を右に行くと、空海が護摩供修行をした護摩ヶ森に至る。この山道は地元のハイキングコースとしても人気で、美しい瀬戸内海を望める。

十時四十五分、ようやく太山寺本堂の背後に到着。歩き始めて四十五分。思ったよりも早く着いた。コロナのせいか人影はなく静かだ。

まずは本堂のすぐ前にあるマニ車をまわす。チベット仏教の仏具で、一回まわすと一回お

マニ車

経を唱えたのと同じ功徳があるという。

本堂は国宝に指定されているだけに、威圧感さえ覚える堂々とした建物だ。堂内から発見された墨書によって、嘉元三（一三〇五）年に建てられたことがわかっている。屋根は入母屋本瓦葺きである。柱はすべて円柱。正面の柱と柱の間は、碁盤目状の格子の蔀となっており、建築様式は和様であるが、細部にわたって天竺様式が取り入れられている。木造建築としては、愛媛県最大のものである。

参拝者が入れるところは板敷で、その奥は一段高く造られ、手前が畳敷きの外陣、その奥が土間の内陣となっている。内陣には横長の宮殿といわれる厨子があり、秘仏とされる七体の十一面観音立像が安置されている。

本堂宮殿の中央に安置されているご本尊の木造十一面観音立像は、聖武天皇が奉納されたといわれるが、実際の制作は平安時代後期とされ、国の重要文化財に指定されている。

このお寺には次のような「一夜建立の御堂」伝説が残されている。

飛鳥時代の用明二（五八七）年、豊後国臼杵の真野長者が難波へ船で向かう途中で大嵐に遭い、伊予の高浜沖で難破しかけた。長者が普段から信仰していた観音様に船の安全を願うと、近くの山の上から光が差して嵐はおさまり、船を高浜の港に無事に着岸できた。その山の頂上に行ってみると、十一面観音を祀った小さな草庵があった。現在も太山寺の

威風堂々とした本堂

奥の院として残されている。長者は感謝してお堂の建設を決意し、一夜のうちに建立したと伝えられている。

その後聖武天皇の勅願によって、行基がご本尊の十一面観音を刻んで安置されたという。

石段を上った伽藍エリアの上段にある長者堂には、太山寺の創設者とされる真野長者が祀られている。内部には祭壇があり、一升瓶が二本供えてあるのが印象的だった。

本堂の左横の石段の上に大師堂がある。明治十七（一八八四）年に再建されたものだ。さらに、本堂の周りには三の門、厄除け大師堂、鐘楼堂、青年大師像、護摩堂、稲荷堂、聖徳太師堂などがある。

まず目につくのが、曲線を描く袴腰（はかまごし）の鐘楼堂である。江戸時代に再建された。梵鐘は刻まれた銘により室町時代初期の作とされ、愛媛県指定文化財となっている。また礎石いっぱいに地獄絵、極楽絵が描かれていて、子どもたちはそれを怖がっている。家内もその一人で、幼稚園児の頃太山寺に遠足に行き、お寺の記憶はあまりないが、閻魔(えんま)様に裁かれて地獄へ送られた人たちの絵が怖かったことだけは覚えている、と話していた。

その近くの聖徳太子堂は、聖徳太子が伊予に来られたときに太山寺と縁を結ばれたのを偲んで建てられたものである。法隆寺の夢殿にある大師像と同じ絵がある。太子の聡明さにあやかろうとお参りする人も多く、合格祈願や「願いをすくい取っていただき、幸せをすくい取ろう」という願いから「しゃもじ」が奉納されている。

そのそばに「亀の石」がある。昔の人が力比べに使った石といわれ、もともと大中小とあったが、現在残っているのは「中」のみ。その横には、ご真言を唱えながら三回まわると西国三十三観音霊場を巡ったのと同じご利益があり、健脚になれる「健足石」がある。

太山寺には参道沿いに山門が三つある。本来なら「一の門」からお参りするのであるが、私は裏山から入ったので、本堂のそばの「三の門」から逆に参道を下っていく。三の門は入母屋造りの重厚な建物で、天和元(一六八三)年に再建されたものだという。門の両袖の前後に、一体ずつ四天王像が安置されている。そのため四天王門とも呼ばれる。だが、像は判別ができないほど損傷が激しく痛々しい。

重厚な三の門

「子安観音堂」や「ひきさき地蔵」などを拝観しながら、深い山奥を歩む気分で本堂から二百五十メートルほど下り、納経所でご朱印を頂いた。さらに参道を下っていくと、「二の門」がある。一三〇五年に再建されたという。乗り物を利用して訪れたとき、最初に目にする門である。そこからまた下っていくと「一の門」がある。冠木門に切妻屋根をかけただけの簡素な門である。ここから本堂まで八百メートルもある。

　改めて本堂に向かって合掌礼拝をし、輪袈裟（わげさ）をザックに納める。十一時四十分だった。

第五十三番札所　圓明寺（えんみょうじ）

「遍路」と書かれた最古の納札（おさめふだ）がある◆

須賀山（すがざん）　正智院（しょうちいん）◆二〇二一年四月七日

太山寺から第五十三番圓明寺まで約二・五キロ。平坦な道。四十分の予定で歩き始める。のどかな田舎の光景を眺めながら、一キロほど歩くと広い県道に合流する。その先は二車線道路に歩道が設けられた県道を、東に向かって一直線に歩く。辺りには田んぼが広がり、農協や小学校、郵便局などを横目に四十分ほど歩くと、広い県道と交差した。その先に圓明寺の案内板が見えた。十二時三十分であった。周りには民家や小さな店もあり、集落の中にあるお寺という印象である。八脚門（はっきゃくもん）といわれる山門は本瓦葺きで、一重の入母屋造りである。室町時代の作とされ、頭貫（かしらぬき）先端の木鼻（きばな）の彫刻や文様の作りに特徴があるが、再建されたときに手が加えられ、創建当初とは異なっているといわれる。

八脚門の前で一礼して境内に入ると、まず目につくのが中門である。この門はもともと鐘楼だったらしく、鐘を吊るした梁や滑車の名残があるという。中門の先に本堂がある。本堂右上の鴨居には、長さ四メートルの龍がにらんでいる。行いの悪い人がお参りをする

楼門の名残がある中門

本堂

と目が光るといわれ、名工左甚五郎の作とも伝えられている。

本堂の中を拝観させてもらった。右脇陣に阿弥陀観音勢至の三尊仏が祀られ、中央にご本尊の阿弥陀如来が鎮座している。ご本尊は秘仏となっているので、拝観できたのはレプリカだろう。左脇には増長天、右脇には多聞天がいてご本尊を守っている。

このお寺は「和気の圓明さん」と地元の人たちに親しまれている。

寺伝によると、天平勝宝元（七四九）年、聖武天皇の勅願を受けて、行基がご本尊の阿弥陀如来と脇侍の観世音菩薩、勢至菩薩を彫り、安置したのが始まりといわれている。当初は、お寺は和気浜の西山という海岸にあったため「海岸山圓明密寺」といわれていた。後に空海がこの地を訪れて荒れた諸堂を整備し、札所とした。

鎌倉時代以降、幾度となく戦火に見舞われ、お寺は荒廃した。元和年間（一六一五～一六二四年）になり、須賀専斎重久が私財を投じて再興し、現在の地に移した。その功績によって寛永十三（一六三六）年、仁和寺の覚深法親王から須賀山の山号を賜ったという。

お寺には「四国仲遍路同行二人今月今日平人家次」と書かれた銅製の納札がある。大正時代にシカゴ大学のスタール博士が四国遍路の途中、阿弥陀如来像が安置されている厨子に打ちつけられているのを発見した。その納札には江戸時代の初期の慶安三（一六五〇）年の銘があり、全く破損していない。四国霊場最古の「遍路」と書かれた納札となる。

屋根に龍がいる大師堂

大師堂の屋根には今にも飛び出そうとする龍がいる。内部を拝観すると、天井からさまざまな金色の飾り物が下げられ、中央にお大師様が鎮座されていた。平成になってから描かれたといわれる、天井絵も見どころの一つだ。

手洗舎の背後に観音堂がある。中の観音立像を拝観できる。また、石の鳥居の隅には弁財天祠がある。大師堂の裏手には、高さ四十センチほどの灯籠がたたずむ。隠れキリシタンの灯籠といわれ、マリア観音とも見える像が刻まれている。十三時二十五分、納経所でご朱印を頂く。次の第五十四番延命寺は今治市内にあり、コロナ禍で「不要不急の旅は慎むように」との要請が出ているため、いつお参りできるのか、何とも心もとない。八脚門に一礼して、家路に就いた。

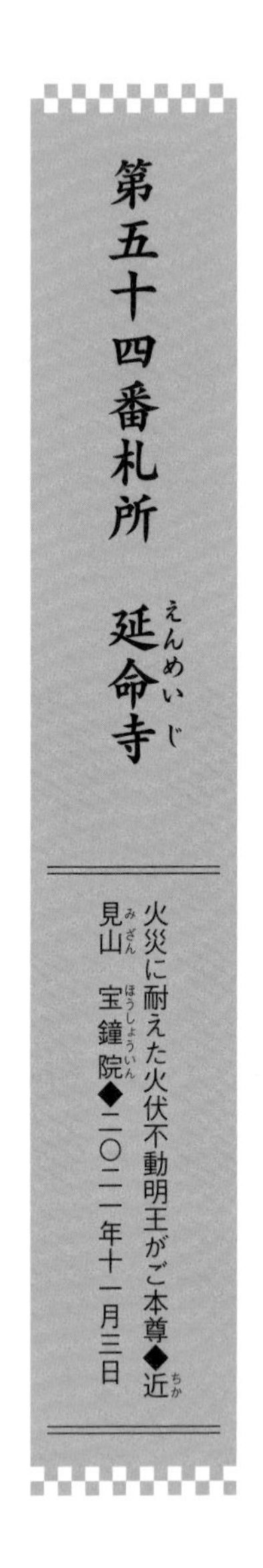

第五十四番札所　延命寺

火災に耐えた火伏不動明王がご本尊◆近見山　宝鐘院◆二〇二一年十一月三日

　新型コロナの影響で遍路旅を半年ほど中断した。最近は感染者の数は激減し、近場での旅行は可能となった。十月末にもなると秋遍路には絶好の季節だ。そろそろ再開してもよいのではと思うが、第一番霊山寺から巡拝を始めて四年が過ぎ、私も八十五歳になった。体力の衰えも感じ、一日に歩く距離の目安を十キロ程度として、旅程を組んでみた。

　今回は今治市のお寺を巡ることにした。十一月三日は第五十四番延命寺と第五十五番南光坊、第五十六番泰山寺にお参りし、今治市内のホテルに一泊。翌朝早く出発して、第五十七番栄福寺、第五十八番仙遊寺、第五十九番國分寺を巡拝する予定だ。

　こうして十一月三日、松山駅九時三十六分発上りの普通列車に乗車。文化の日ということもあってか、一両編成の列車であるが、乗客はまばらだ。全員がマスクをしている。見慣れた光景ではあるが、会話のない雰囲気はどこか物寂しい。幸いにも車窓から見える瀬戸内の青い海やぽっかり浮かんでいる白雲が、気持ちを明るくしてくれる。

十時三十分、大西駅に到着。下車したのは私だけである。この駅は無人駅だ。駅前にある案内標識によると、延命寺まで四・二キロ。国道196号線まで四〇〇メートルほど古い家並みは続くが、人影はない。地図を頼りに国道に出る。ここからは幾度か車で通った道になる。田んぼが広がり、倉庫や工場が点在している。

日差しも強くなり、歩くうちに汗ばみ始める。やがて右手に大池の堤防、その横に熊野神社の鳥居が並び、続いてため池の堤防などが見える。その堤防に沿うようにして品部川（しなべがわ）が流れ、道は三差路に差しかかる。そのまま進めば今治の市街地になるが、左側の少し道幅の狭くなった川沿いの道を歩く。昔ながらの古い町を通り抜けていくと「四国五拾四番

仁王門

永代供養所延命寺」と刻まれた石柱が見え、その後ろに仁王門があった。

仁王様に挨拶をして門をくぐると、左手の丘の上に鐘楼がある。もともと鐘楼は三つあったといわれている。お寺が近見山の麓にあることから、梵鐘は「近見太郎」「近見二郎」「近見三郎」と呼ばれていた。近見太郎は長曾我部の兵士に略奪されそうになったとき、連れていかれるぐらいならと「いぬる（帰る）、いぬる（帰る）」といって鐘を鳴らしながら、自ら瀬戸の海に飛び込んだという。現在は三代目の「近見三郎」が使われている。

駐車場の奥にも鐘楼があり、梵鐘は「近見二郎」である。この鐘は宝永元（一七〇四）年に鋳造されたもので、除夜の鐘として利用され、今治市有形文化財にも指定されている。

仁王門のすぐ後ろには、総欅（けやき）造りの単層の立派な山門がある。かつては今治城の城門の一つであったが、明治初期に今治城が取り壊された際に譲り受けたものである。天明年間（一七八〇年代）の建造といわれている。四隅に鶴亀瓦像がある。

山門を入ってすぐ左側に、薬師如来を祀る薬師堂がある。手洗場の背後にあり、納経所に並んでいるので見過ごしてしまいそうだ。この薬師堂は、かつては近見山の山頂の見晴らしのよい場所にあり、薬師如来とご本尊の不動明王が、来島海峡を航行する船の安全を見守っていたといわれる。

納経所の建物の中には礼拝堂ともなっている含霊堂もある。この建物はかつては学校

宝冠をつけた不動明王

だったが、明治時代に廃校になり、お寺に移築された。現在の納経所は職員室だったという。

正面の奥に本堂がある。ご本尊は宝冠不動明王坐像で、六十年に一度ご開帳される秘仏である。再三の戦火を逃れていることから、火伏不動尊とも呼ばれている。本堂の前にレプリカの不動明王像が鎮座している。宝冠を付けているのは珍しいという。

寺伝によると、養老四（七二〇）年、聖武天皇の勅願によって行基が大日如来の化身とされる不動明王像を刻み、それをご本尊として、現在地より六キロほど西北の近見山の山頂に伽藍を創設した。その後、空海が嵯峨天皇の勅命を受けて再興され、「不動院圓明寺」と名付け、勅願寺とされた。

供養塔とツブラジイ

一時は信仰と学問の中心地として百坊を有するほど栄えたが、天正年間（一五七三～一五九二年）に長曾我部の兵火によって焼失した。享保十二（一七二七）年、戦火を逃れたご本尊とともに現在地の近見山山麓に移転した。明治時代になり、五十三番と五十四番が同じ圓明寺なので混乱を避けるため、それまでの通称であった延命寺に改称した。

山門に入って右手に華厳宗の学僧・凝然（ぎょうねん）（一二四〇～一三二一年）の供養塔がある。凝然はこの寺の西谷の坊に籠もり、仏教入門書といわれる『八宗綱要』を著した。

また江戸時代の庄屋・越智孫兵衛の供養塔も建立されている。孫兵衛は享保の大飢饉でも一人の餓死者も出さなかったといわれ、地元の人々の尊敬を集めている。

大師堂

これらの供養塔の背後の大木は、推定樹齢二百年のツブラジイである。高さ二十メートルで今治市指定保存樹となっている。伝承では享保十二（一七二七）年に現在地に移転したときに、植えられたという。

この一角には、四国遍路道で二番目に古いとされる「真念の道標」も残されている。

本堂の左の石段を上り大師堂を参拝。大師像を拝観する。右脇には興教大師像が鎮座されている。厨子の下にタイムカプセルが埋められており、二〇四二年に開けられるという。

納経所でご朱印を頂く。十二時三十分、本堂に向かって一礼し、延命寺を後にした。

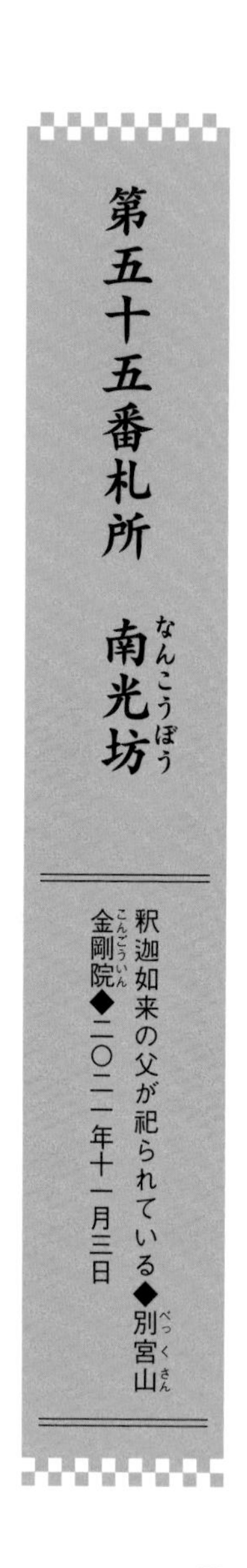

第五十五番札所　南光坊(なんこうぼう)

釈迦如来の父が祀られている◆別宮山(べっくさん)金剛院(こんごういん)◆二〇二一年十一月三日

延命寺から第五十五番南光坊まで約三・三キロ。平坦な下り道なので一時間を予定し、市内で少し遅めの昼食をとるつもりで歩き始めた。

ところが、つい気を許して過去の記憶に頼って歩くうちに、遍路道の標識を見失う。みかん畑沿いの峠に来てしまったのである。人影もないので、とにかく歩き続けているうちに、ようやく子どもをあやしている女性に出会う。道を聞くと、どうやら遍路道とは反対側の谷あいに出てしまったらしい。「この道をまっすぐ行くと延命寺に着くので、そこから歩き始めたほうが早い」と教えてくれた。

その助言に従って歩き、お参りに来ていた人に道順を教えてもらい、瀬戸内しまなみ海道の橋下を過ぎた辺りで、一人歩きの遍路姿の人に声をかけられる。その人は山形から来ていて、一番から歩き始めて今日で三十四日目だという。話しながら石段を上り墓園の中を歩く。墓地を通り抜けると、ボツボツ家が見えてきた。その頃疲れが出始め、一緒に歩くのが難しくなり、「お先にどうぞ」と今治北高校の手前で別れた。

今朝はいつものように朝五時半から松山城に上り、ラジオ体操をすませた。その間に五キロほど歩き、朝食もふだんと同じくトースト一枚に果物、ヨーグルトといった軽いものですませていた。考えてみると、それ以降は水を飲んだだけである。今日はこれまでに十四キロほど歩いたことになる。八十五歳という体力の限界がきたようだ。

ふらつく体をこらえて歩き続けた。以前に今治市に勤務したことがあり、この辺りの道は知り尽くしているのだが、いつも車だったので距離感がまったく違う。

ようやく南光坊の門前に到着したのは十四時二十分だった。道を間違え、体力の消耗が

まだ新しい山門

激しく、予定より一時間近く遅れてしまった。

　エネルギーの補給不足だったと反省しながら、お寺の境内にあったベンチに座り込んだ。とりあえず自動販売機で、牛乳入りの紅茶を一本買って飲み、やっと少し元気が出た。ついでに、今日のお遍路は南光坊で終わりにすると、家内に報告する。スマホの声で疲れきっているのがわかった、と家内は言っていた。

　一息入れたところで山門まで引き返して改めて一礼し、お参りを始める。この山門は四天門ともいわれ、戦災で焼失した後、平成十（一九九八）年に再建された。まだ新しい大型の楼門である。お寺を守護するのは仁王様ではなく、外側と内側に配置された、持国天、増長天、広目天、多聞天の四天王である。門の正面には、南光坊の別称「日本総鎮守府三島地御前（ぢごぜん）」の扁額が掲げられている。天井に梵鐘が見える。垂れ下がった紐を引っ張ると鐘を鳴らせるという。

　まずは正面にある本堂にお参りする。木造平屋建の入母屋屋根である。法華経を説いた大通智勝如来（だいつうちしょうにょらい）をご本尊としている。この如来は過去世における釈迦如来の父であり、師であるとされる。その姿は螺髪（らほつ）で冠はない。胸の前で智拳印（ちけんいん）と呼ばれる印を結んでいる。この如来の仏像は珍しく、全国でもこの南光坊と大三島の大山祇神社（おおやまづみじんじゃ）の東円坊、同じく大三島の向雲寺の三体のみといわれている。第二次世界大戦により焼失してしまったが、本

南方を守る守護神の増長天

堂再建の際に、以前の仏像の約二倍の大きさに造られた。

脇侍は向かって右が観音菩薩立像、左が弥勒菩薩立像である。ご本尊とともに同じ厨子に入れられ、三体とも秘仏である。

このお寺の起源は古く、推古天皇二（五九四）年に天皇の勅令により、瀬戸内海に浮かぶ大三島に大山祇神社が建立されたことに端を発する。

海を渡らないと参拝できないため、大宝三（七〇三）年、この地に別宮として大山祇神社を勧請し、南光坊を含む八つの坊も移された。その後空海が四国巡錫の際に参拝して、四国霊場第五十五番札所と定められた。

伊予の豪族・河野氏や国司の庇護を受けて栄えたが、長曾我部元親の「天正の兵火」によって八つの坊すべてが焼き払われた。

慶長五（一六〇〇）年、今治藩主・藤堂高虎が南光坊だけを再興した。明治初期の神仏分離令によって、神社と分かれ独立した寺となる、その際、大通智勝如来と脇侍の弥勒菩薩像、観音菩薩像を南光坊の薬師堂に移した。

だが、第二次世界大戦で大師堂と金比羅堂を除き、すべて焼失。現在の本堂は昭和五十六（一九八一）年、薬師堂は平成三（一九九一）年、山門は平成十（一九九八）年に再建されたものである。

本堂が再建されるまで、本堂の役割を果たしたのが大師堂である。大師堂は大正五（一九一六）年天野快道和尚によって建造。長州の大工の技術が詰め込まれており、文化的な価値が高いと評価されている。第二次世界大

文化的な価値が高い大師堂

戦で空襲を受けたとき、大師堂には大勢の人が避難していた。焼夷弾が多数落とされたが、すべて屋根から滑り落ちたため焼けずにすみ、避難していた人は全員無事であったという。

本堂の横に薬師堂がある。金比羅堂と薬師堂の間には、中興の祖ともいわれる天野快道和尚の五輪塔墓や、水子地蔵、十三仏石仏、白衣観音などがある。

大師堂の前には讃岐の金比羅宮から勧請した金比羅堂があり、金比羅大権現が祀られている。山門の右にある池の中の小島に、弁天祀がある。

納経所でご朱印を頂く。十五時二十分、少し早いが今治駅前のホテルに向かう。

薬師堂

第五十六番札所　泰山寺（たいざんじ）

蒼社川の治水祈願伝説が残る◆金輪山（きんりんざん）勅王院（ちょくおういん）◆二〇二一年十一月四日

昨日の疲れがまだ残っている。いつものように午前四時に目が覚めたもののベッドから抜け出せない。狭いホテルの部屋に、昨夜脱ぎ捨てた衣類が散らばっている。目の前の備え付けの机には、昨夜食べ残した幕の内弁当がある。我ながら情けない散らかりようだ。気持ちを奮い立たせ、弁当を片付けて狭い机の前に座り、昨日の行動をノートに書き出す。

今日は、第五十六番泰山寺、第五十七番栄福寺（えいふくじ）、第五十八番仙遊寺（せんゆうじ）、第五十九番國分寺（こくぶんじ）の四ヵ寺をお参りする。ホテルからの距離は十六キロほどである。疲れ具合を考えると歩き通すのは無理と判断し、ホテルからの八キロほどは、タクシーを利用することにする。

お寺の前の駐車場でタクシーに待ってもらい、お参りする。前の道路を渡ると、右側に「四国五十六番泰山寺」と書かれた石塔があり、道を進んだ奥の高台にお寺はある。平成十二（二〇〇〇）年に改修されたという石垣と白い漆喰の塀が美しい。境内には納経所や宿坊を備えた客殿がある。宿坊は季節営業となっている。

美しい石垣と漆喰の壁

納経所や宿坊を備えた客殿

1854年に再建された本堂

空海お手植えの不忘松。三代目

右手前には鐘楼がある。今治城の太鼓楼の古材で明治十四（一八八一）年に再建されたものである。このお寺には仁王門はないが、客殿と本堂をつなぐ廊下に二体の仁王像を、ガラス戸越しに拝観できる。

本堂は安政元（一八五四）年に再建されたもので、中を拝観させてもらった。

寺伝によると弘仁六（八一五）年、空海が梅雨時にこの地を訪れたとき、近くに流れる蒼社川が氾濫していた。村人は悪霊のたたりで人の命を奪う、人取川と呼んで恐れていた。それを見た空海は村人とともに堤防を築き、「土砂加持」の秘法を行った。満願の日に延命地蔵尊を空中に感じ取られ、治水祈願は成就したと村人たちに告げられた。

空海はその秘法を行った場所に不忘松を植え、延命地蔵菩薩を刻んでご本尊として、山の上にお寺を建てられ、「泰山寺」と名づけた。天長元（八二四）年には淳和天皇の勅願所となり、七堂伽藍を備え、十坊を持つ大寺院となった。その後、度重なる兵火に見舞われた。

昭和六十（一九八五）年に落成した大子堂は、正面入り口の右にある。大師像を拝観できる。大師堂のそばに不忘松がある。空海がお寺を建立したときに手植えをされたという松で、現在は三代目の松が育っている。その横に不動明王石像、役の行者石像、理源大師石像、如意輪観音石像などが並んでいる。

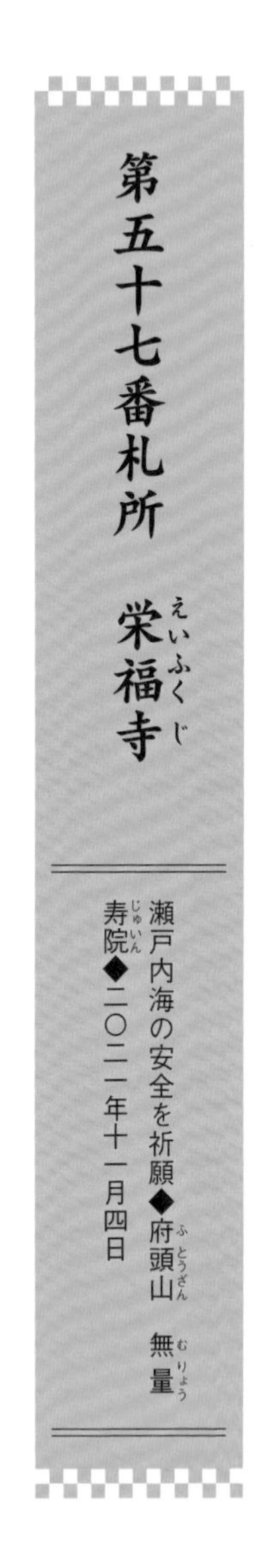

第五十七番札所　栄福寺（えいふくじ）

瀬戸内海の安全を祈願◆府頭山（ふとうざん）　無量寿院（むりょうじゅいん）◆二〇二一年十一月四日

時計を見ると七時五十分になっていた。泰山寺から次の栄福寺までは平坦な道で、約三キロ。歩けば五十分程度だが、予定通り待ってもらっていたタクシーで向かう。遍路姿の人が歩いているのを見かける。「久しぶりに歩き遍路を見た」と運転手は言う。コロナ禍で遍路旅をする人は激減しているようだ。

少しずつ上り勾配になり、泰山寺から二・八キロほどの地点から、細い上り道へ曲がっていく。曲がり角には「伊豫一国一社石清水八幡宮江」と書かれた石柱があり、右側の電柱の後ろには「57　栄福寺」の表示もある。タクシーを降りると八時十分になっていた。

そこから少し上る。そのまま奥に進むと、本宮ともいえる「石清水八幡（やわた）神社」がある。

栄福寺には仁王門はなく、お寺の入り口には「四国霊場第五十七番府頭山栄福寺」と書かれた石塔がある。参道に入ると、すぐ左に石仏、修行大師像、赤い帽子の「お願い地蔵」がある。いつものように手を清め、口をすすぎ、気持ちを新たにお参りする。

お寺の入り口

鐘楼堂

手水舎の向かいに鐘楼堂がある。その横にはモダンな建物の演佛堂がある。

石段を上ると右手に納経所があり、正面に薬師堂と金比羅堂が並んで建っている。その前に石のテーブルと椅子が置かれ、テーブルの上のカエルの石像が「一休みしてください」といった愛嬌のある顔つきで歓迎してくれる。

左の石段を上ると、右手に大師堂がある。さらに正面の石段を上り、一段高いところに本堂がある。本堂の両脇の仏足石に軽く頭を下げて、いつものようにお参りをする。

ご本尊の阿弥陀如来像は秘仏で拝顔はできないが、祭壇を撮影させてもらった。

寺伝によると、嵯峨天皇の勅願により、弘仁年間（八一〇〜八二四年）にこの地を訪れた空海が、海難事故が絶えなかった瀬戸内海の安全を願って、府頭山の山頂で護摩供を修法された。その満願の日に波風はおさまり、阿弥陀如来の霊像が海上に現れた。それを見た空海が府頭山の山頂にお寺を建て、その像をご本尊として安置されたのが起源とされる。

その後、平安時代の貞観元（八五九）年に、大和の大安寺の行教（ぎょうぎょう）上人が大分の宇佐八幡を分社して、京都の山城に男山八幡（石清水八幡宮）として創建しようとしたが、瀬戸の海を航行中に暴風雨に遭い、このお寺の近くに漂着。府頭山の山容が山城の男山によく似ており、ご本尊の阿弥陀如来は八幡大菩薩の本地仏であることから、府頭山の山頂に八幡明神を勧請して、神仏習合の「勝岡八幡宮」を創建された。

本堂

この八幡宮は「伊予の石清水八幡宮」とも呼ばれ、「四国五十七番」と刻まれた石塔も建てられている。

明治初期の神仏分離令によって、神社と寺は分離し、阿弥陀如来像と金比羅堂は栄福寺に移され、お寺は山頂から山の中腹の現在地へと移転した。

本堂の正面左側に木製の粗末な箱車が置かれている。箱車に乗せられて遍路旅をしていた少年が、昭和八（一九三三）年、この寺で歩けるようになったため、感謝して奉納したといわれている。

本堂の手前に大師堂があり、龍の彫刻に目を奪われた。

ご朱印を頂き、参道の入り口で一礼する。八時四十分、お寺を後にした。

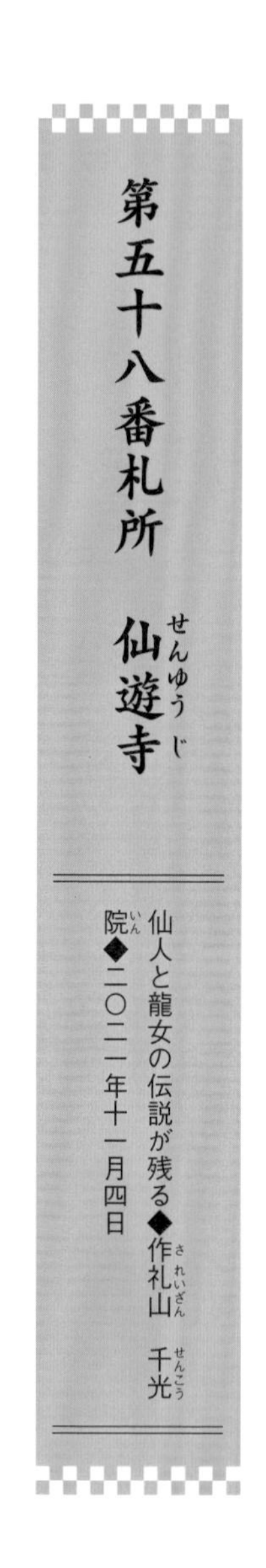

栄福寺から第五十八番仙遊寺まで約二・五キロ。標高差二百メートルほどの長い上りの坂道なので、一時間二十分を予定。遍路道の矢印に従って細い道を左へ向かい、ほどなく大きなため池の堤防に出る。この辺りまで来ると車は通れないほど、道幅が狭くなる。渇水期に備えるため池には、「犬塚」と書かれた石柱と地蔵があった。ふだんは満々と水をたたえ、「犬塚池」と呼ばれて地元の人々の憩いの場となっている。

ため池のほとりを過ぎると、道端には、文字は読めないが、遍路の途中で亡くなった人を葬った小さな墓や、それを見守るように石仏がある。

まもなく山門が見え始める。近づくと立派な山門である。山門の扁額には「補陀落山（ふだらくさん）」と書かれている。観音菩薩の住居あるいは降り立った山を「補陀落」といい、千手観音菩薩が安置されている寺院という意味だそうだ。

門の左右には眼光鋭い仁王様が身構えている。背後には大きな草鞋が供えられている。

立派な山門

厳しい表情の阿形（あぎょう）の仁王様

修行大師像と四国霊場のご本尊の石仏

山門をくぐると妖艶な一如観音（いちにょかんのん）が出迎えてくれる。少し体を傾けた姿が印象的である。

ここから四百メートルほど、標高差四十五メートルを上るきつい山道が始まる。

途中で阿坊仙人像を見かけた。この仙人は、四十年間にわたってお堂を整備し、修行もしてきたが、養老二（七一八）年、雲と遊びに出かけてしまったのか、忽然と姿を消したと伝えられる。この伝説がお寺の名前の由来となっている。

山門から百メートルほど上ったところに、弘法大師御加持水（おかじすい）がある。大師が錫杖で掘られた泉に御加持を加えられたところ、この水によって難病に苦しめられていた多くの人々が健康を取り戻したと伝えられている。

時計を見ると九時四十分。境内の片隅に修

緑に包まれた境内と奥に見える本堂

行大師像がある。その足元を四国八十八ヵ所霊場のご本尊の石仏が取り囲んでいる。これは「新四国八十八ヶ所御砂踏み霊場」と名付けられており、すべての霊場をまわりきれない人も、このお砂踏み場をお参りすると、ご利益があるという。

いつものように手水舎で手と口を清め、本堂にお参りする。昭和二十二（一九四七）年に山火事があり、すべてのお堂が焼失してしまったが、本堂は昭和二十八（一九五三）年にかつての姿のままに再建された。二重屋根の堂々とした建物である。

ご本尊の千手観音菩薩像は高さ六尺（一・八メートル）の立像で、平安時代後期の作とされる。修復を機に平成十六（二〇〇四）年から、いつでも拝観できるようになった。

この千手観音菩薩像には次のような伝説が残されている。昔、龍女が海から竜登川をさかのぼり作礼山に登ると、観音像を一刀三礼しながら完成させ、再び海へ帰っていった。その後、旧暦の七月九日になると、なぜか龍燈が作礼山を登り、仙遊山にあった桜の枝にかけられたという。その桜は明治の頃まで生存し、「龍燈桜の碑」が境内に残されている。この伝説は海の信仰とも結びつき、龍燈は船の航路を示す燈台の役割を果たし、古代の修験者は海が見える山頂から礼拝したといわれている。

寺伝によると、仙遊寺は標高三百十二メートルの作礼山の頂上近くに、天智天皇（在位六六一～六七二年）の勅願により、伊予の国守だった越智守興によって建立された。その

ご本尊の千手観音菩薩

後兵火に遭い荒廃したが、明治初期、山主となった宥蓮上人によって再興された。

　本堂には四国最大のびんずる像が鎮座する。大師堂は昭和三十三（一九五八）年に再建。大師堂の両脇に仏足石があり、気になる箇所を軽くなでてからお参りを始める。

　境内からの展望がすばらしい。第五十九番國分寺はこの山の麓にある唐子浜の近くである。目を転じて北側を見ると、犬塚池の向こうに今治市内や、来島海峡に架かるしまなみ海道を望める。ご朱印を頂き、十時三十分、次の國分寺へ向かう。

すばらしい眺望

第五十九番札所　國分寺（こくぶんじ）

幾多の戦火に見舞われた◆金光山（こんこうざん）　最勝院（さいしょういん）◆二〇二一年十一月四日

仙遊寺から次の國分寺まで六・一キロ。そのうち約二キロは、標高差二百メートル近くの急な坂道を下る難所だ。そのため少し余裕を見て、一時間五十分ほどを予定する。

仙遊寺の駐車場から車道を下り、先ほどの山門の前で一礼して歩き続け、やがてお遍路のための休憩所に着いた。

休憩所の横に國分寺への案内道標があり、ここから遍路道は分かれる。谷あいに架かっている小さな橋を渡ると、川沿いの山道が続く。少し上ると峠になり、そこには「五郎兵衛坂」の標識があった。案内板にこの坂の名の由来が書かれていた。

昔、五郎兵衛という漁師がおり、仙遊寺の太鼓の音が響いて魚が逃げるのに怒り、仙遊寺に出かけてその太鼓を包丁で破った。そのうえ仏様に罵詈雑言を浴びせた。そして仙遊寺から帰る途中、この坂で転んで腰を打ち、その怪我がもとで亡くなった。それ以降、この坂を五郎兵衛坂と呼び、この坂を歩くときは皆ゆっくり歩くようになったという。

この峠を過ぎると、案内板の通り急な下りの山道になる。五郎兵衛のように転ばないように、金剛杖を頼りにゆっくりと、というより少しもたつきながら、一歩一歩慎重に足を運ぶ。

山道を下りきり、三島神社を過ぎた辺りから振り返ってみると、作礼山の八合目ぐらいに仙遊寺が見える。あの尾根沿いに下ってきたのかと、改めて急な坂道だったとしみじみ思った。これが霊場を逆に巡拝する「逆打ち」のお遍路旅だったら大変だろう。

後は遍路道の案内標識を頼りに、平坦な道を國分寺まで歩く。一休みしたいのだが、適当な場所がなく、国道１９６号線の歩道を歩き続けた。

急こう配の山道を下る

手洗舎の薬師のつぼ

風格のある本堂

午後十三時、國分寺に着く。仁王門はなく、お寺の入口には一対の石の灯篭がある。疲れがたまってきたようで、予定した時間よりも遅くなった。

手洗舎には「薬師のつぼ」があり、手前のボタンを押すと、丸い薬壷の蓋についている葉っぱから水が流れ出る仕組みになっている。口と手を清めてから本堂へ向かう。

石の灯篭に続く石段を上った一段高いところに石柱門があり、その先は広い境内になる。正面に本堂がある。寛政元（一七八九）年に再建されたものである。本堂の中には「薬師如来」と書かれた立派な扁額が掲げられていた。ご本尊の薬師瑠璃光如来は拝観できなかった。

國分寺は伊予の国府があったところである。天平十三（七四一）年に聖武天皇が詔（みことのり）を発して全国に國分寺を建立したが、その一つである。聖武天皇の勅願により、行基がご本尊の薬師如来像を刻んで安置し、お寺を開いたと伝えられている。当時の國分寺は今のお寺から百五十メートルほど東にあったといわれ、礎石などの痕跡もあり、國分寺東塔跡として認められている。

その後空海が長い間滞在して「五大明王」の画像を奉納し、弟子の真如も二年間お寺にとどまり『法華経』の一部を書写して納めている。

この國分寺は幾多の戦火に見舞われている。天慶二（九三九）年には藤原純友の乱によって灰燼に帰す。元暦元（一一八四）年には源平合戦の戦火によって焼失。南北朝時代の貞治三（一三六四）年には讃岐の細川頼之の兵火に焼かれ、さらに土佐の長曾我部元親の「天正の兵火」により焼失。相次ぐ兵火によりお寺は荒廃してしまう。江戸時代後半の寛政元（一七八九）年に四十三代住職・恵光（えこう）上人が本堂を再興し、本格的な復興が始まった。納経所の隣に書院があり、長い歴史を物語るように、奈良時代から平安時代初期にかけての寺宝や文化財、旧國分寺跡からの出土品などが納められている。

本堂の右側に大師堂がある。内部を拝観させていただく。ここにも「薬師のつぼ」が置かれている。「薬壺（やっこ）」という表示があり、「体の健康を念じつつ御真言に触れながら一慶お唱えください」と書かれていた。

これと並んで握手修行大師像がある。大師が右手を差し出していて「お大師様と握手をして願い事を一つだけ。あれもこれもはいけません。お大師様も忙しいですから」と書かれている。手洗舎近くでは小坊主風の地蔵がきちんと座り、参拝者の喜捨を待っている。

奥に春日神社の鳥居がある。國分寺の鎮守として勧請され、隣接して建てられたものである。大きな木々に囲まれ、静かな雰囲気の神社だった。

ご朱印を頂き、十四時にお寺に別れを告げて、今回の「区切り打ち」の遍路旅を終えた。

大師堂

握手修行大師像。願い事は一つだけ

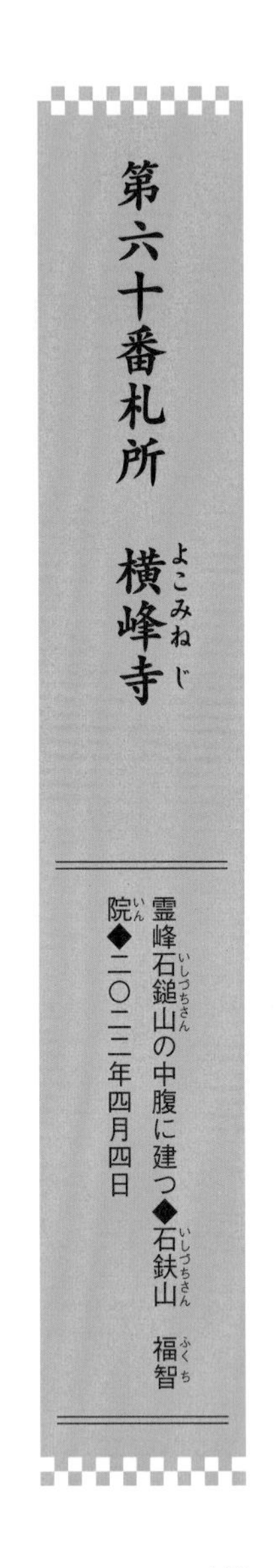

第六十番札所　横峰寺

霊峰石鎚山の中腹に建つ◆石鈇山　福智院◆二〇二二年四月四日

國分寺をお参りしてから、はや五ヵ月が過ぎた。その間、宿題をやり残した子どものような気持ちであった。

第六十番横峰寺は石鎚山の中腹に建ち、標高七百四十五メートル。八十八ヵ寺の中でも三番目の高所にあるため、冬は厳しく降雪もあり、歩いてお参りするのは危険を伴う。三月になっても天気の悪い日が続き、延び延びになってしまった。だが、今週は天気もよく日差しにも春の暖かさを感じるようになり、遍路旅には最適であった。

横峰寺は伊予国の関所寺で、「悪いことをする人、邪心を持っている人は、お大師さんの咎めを受けて、ここから前には進めない」ともいわれている。いろいろと心構えが必要だ。

この日の朝、松山市駅八時二十三分発の新居浜行特急のバスに乗車。「大頭」に向かう。車窓から国道11号線沿いの満開の桜を眺めながら、九時五十分、目的地に着いた。

ここから六・二キロほどは、タクシーを利用する予定であった。バスを降りてみると周りに民家はあるが、人通りはない。タクシーを頼む気持ちが薄れ、春の雰囲気を感じながら田舎道を歩くのも悪くはないと思った。

　妙谷川沿いの道を歩き始めると、最初に目についたのが石土神社（いしづちじんじゃ）の鳥居である。石土毘古神（いわつちひこのかみ）が祀られている大きな神社で、境内には四つの社殿がある。本殿は道路沿いにあり、軽く頭を下げて通りすぎる。

　桜に囲まれた道路標識「四国のみち」には、横峰寺まで八・九キロと書かれていた。さらに歩を進めると「遍路の休憩所」があったので、ここで一息入れる。

　道端には修行大師の石像があり、お遍路を見守ってくれている。手を合わせ「南無大師遍照金剛」と唱えて通り過ぎる。

遍路道を示す標識

右手に剣、左手に巻物を持った星供大師

湯浪（ゆうなみ）休憩所に到着したときは十二時になっていた。十分ほど休憩して、目の前にある横峰寺への遍路道を上る。山門までは約二・二キロ。平成二十九（二〇一七）年に国の史跡「伊予遍路道横峰寺道」である。山門までの標高差が四百四十五メートルもある。

十四時十分、ようやく山門にたどり着いた。ほとんど休みを取らずに二時間もかかった。普通は一時間二十分程度で上れるという。ずいぶん歩くのが遅くなったものだ。山門の前で三人の若者たちがこれから湯浪に下ると言いながら、去っていった。この山道で初めて出会った人たちなので、少しおしゃべりをしたかったが残念。

山門の仁王像は、これまで上ってきた横峰寺道の途中の古坊（ふるぼう）と呼ばれている土地から移

どっしりした本堂

したもので、県内でも古い貴重なものとされている。網戸越しの仁王様は厳しいお顔である。山門の天井には孔雀の彫刻が施されていた。

一礼して参道を進む。手水場で手と口を清め、右にある石段を上ると、星供(ほしく)大師が鎮座されている。このお寺は花の名所としても知られ、五月頃になると石楠花(しゃくなげ)が咲き誇り、花に囲まれて満足そうな大師のお姿を拝観できるのだが、少し時期が早く残念である。

参道の正面に本堂がある。神社風の権現造りのどっしりした風情のある建物である。本堂の前室部分に入って参拝する。この本堂は江戸時代にあった石鉄社の跡に建てられたものである。

ご本尊は空海作と伝えられる金剛界大日如来坐像である。向かって右脇仏は石仙菩薩、左脇仏は平安時代の金銅蔵王権現御正体像である。いずれも秘仏で、拝観できなかった。脇陣に安置されている、右大臣と左大臣は拝観できる。寺伝によると、白雉二（六五一）年、役行者が石鎚山を臨む星ヶ森で修行をしていると、石鎚山の山頂付近に蔵王権現が現れた。その姿を石楠花の木に刻み、小堂を建てて安置したのが、このお寺の始まりといわれている。その後、行基も天平年間（七二九～七四八年）に入山した。延暦年間（七八二～八〇六年）には石仙（灼燃）仙人という行者がここに住み、桓武天皇の脳病平癒を祈願して成就したことから、菩薩の称号を賜ったと伝えられる。石仙菩薩として祀られている。

一対の狛犬

大同年間（八〇六～八一〇年）に、空海がこのお寺で星供養の修法をしたとき、蔵王権現が現れたのを感じ取り、大日如来を刻んでご本尊とし、お堂も整備して霊場とした。

以来、神仏習合の別当寺として栄えたが、明治初年の神仏分離令によってこの寺は廃寺となり、石鎚神社（当時は石鉄神社）の西遥拝所横峰社となる。その後紆余曲折を経て、明治四十二（一九〇九）年、横峰寺として復興を遂げた。

本堂の前に一対の狛犬がいる。かつて蔵王権現を祀り、石鎚神社が横峰社だった頃の名残である。本堂の向かいの参道を進むと正面に大師堂がある。平成二十六（二〇一四）年に大師像が修繕され、同年九月以降は拝観できるようになった。

大師堂と歓喜天堂（左）

いつの時代からかはっきりしないが、四国霊場巡拝は横峰寺を参拝後、約〇・五キロ南西に上ったところにある、鉄ノ鳥居（星ヶ森）にお参りすることになっている。そこで、私も星ヶ森に向かった。先ほど上ってきた山道を右に進む。途中に高灯籠があり、星ヶ森への案内標識があった。

国の名勝にも指定されており、この星ヶ森で役行者は蔵王権現を感得し、空海は星供の密行を行ったとされている。

江戸時代中期の寛保二（一七四二）年に鉄製の鳥居「かねの鳥居」が建てられ、ここから石鎚山を遥拝できる。西日本最高峰の石鎚山は標高千九百八十二メートル、山岳信仰の霊地であり、修行道の霊地でもある。弘法大師を祀る石の祠もある。

この石鎚山遥拝所から石鎚山を望むと、谷あいにはまだ白い雪が残っていた。

横峰寺まで引き返し、第六十一番香園寺(こうおんじ)に向かう。

大師堂の左手を通り抜け、有料道路を一キロほど下ると遍路道の標識があった。山道になり、少し疲れが出始め、ごつごつした岩に足が絡まるようになる。香園寺までの距離を示す標識を頼りにひたすら山道を下る。四・五キロの荷物に背中が引っ張られるような感じがする。

十七時を過ぎた頃、日暮れまでにたどり着けるのかと気になり始める。木の根が張り出

星ヶ森から石鎚山を望む

したり、岩が露出したりして山道は歩きにくい。

疲れも出て荷物に引きずられるように頻繁に尻もちをつく始末。それでも下るしかない。十八時を過ぎると、周りは薄暗くなり、向かいの山の上に細い月が輝き、黒々とした森の先に町の明かりが点滅する。

足元が不安なため、ライトを取り出し、周りを照らしながらようやく山道を下り終える。舗装道路に出てから国道11号線まで二キロほど。暗闇の中、手元のライトだけを頼りにひたすら歩み続け、ようやく国道に出た。すでに二十時近い。タクシーでＪＲ伊予西条駅前のホテルに着いたときには、二十時半になっていた。

第六十一番札所　香園寺（こうおんじ）

子安の大師さんとして信仰を集める◆栴檀山（せんだんさん）　教王院（きょうおういん）◆二〇二二年四月五日

昨日の行程は、八十五歳の身には少し無理だったようだ。昨夜ホテルに着くと、コンビニ弁当で夕食をすませ、そのままベッドに倒れこんだ。気がつくと明け方の五時になっていた。シャワーを浴びてようやくすっきりした気分で、昨日撮った写真と記録の整理を終える。すでに六時過ぎだ。朝食用にと買っておいた、おにぎり二個とお茶で食事をすませる。七時に出発する予定だったので、ちょっと焦りながら七時五分、ホテルをチェックアウト。ＪＲ伊予西条駅は目の前だ。歩き始めると、左足の付け根に違和感がある。足を引きずるようにして、どうにか七時十五分発の下りの各駅停車に乗り込んだ。

列車は定刻の七時二十四分、伊予小松駅に到着。無人駅で、下車したのは私だけだった。一息入れて昨日タクシーに乗った場所まで歩き、すぐそばの香園寺からお参りを始めるつもりである。国道11号線は交通量が多いので、国道に沿った人通りの少ない住宅街を歩くことにする。

ところが、百メートルも行かないうちに、左足の付け根が痛み始める。昨日タクシーに乗った場所まで一・三キロほどしかないので甘く考えていた。足の痛みに耐えて歩き続ける。今日は十キロ余り歩く予定だ。時間は十分ある。立ち止まっては歩き、立ち止まっては歩きの繰り返しで、香園寺の鳥居が見える所まで、ようやくたどり着いた。すでに八時を過ぎていた。

向かいに見える小高い山の麓に、約一万坪といわれる広大な敷地を誇る香園寺がある。石段の正面に、鉄筋コンクリート造りの巨大な大聖堂が見える。満開の桜に包まれ、春爛漫のお参り冥利に尽きる思いがする。

近代的な大聖堂は昭和五十一（一九七六）年に建てられたもので、褐色の鉄筋コンク

満開の桜と大聖堂

リート造りである。高さ十六メートル。一階が大講堂、二階は本堂と大師堂を兼ねている。

一階の中央に、外からでも参拝できるように簡素な仏像が祀られている。大聖堂の外階段を上ると、二階の本堂には六百二十余りの椅子が用意され、中央には前立本尊の金色に輝く大きな大日如来が鎮座されている。ご本尊は秘仏で、後ろの厨子に安置されている。ご本尊の左側には聖観音立像、右側の厨子には大師像が納められている。寺伝によると、聖徳太子が、父の用明天皇の病気平癒を願って創建されたという。夢の中に金の衣をまとった老翁が現れ、この地が聖地であると告げられた。その教えに従ってお堂を建て、ご本尊の阿弥陀如来を安置された。そのおかげで天皇の病は治癒したとされる。

大同年間（八〇六～八一〇年）に空海がこの地を訪れた。そのときお寺の門前で身重の婦人が苦しんでいるのを見かけ、梅檀（せんだん）の香を焚いて加持祈祷をすると元気な男の子が無事に生まれた。空海は唐から持ち帰った小さな金の大日如来像をご本尊の胸に納め、梅檀の香を焚いて安産、子育て、身代わり、女人成仏を祈る「四誓願」の護摩修法をされ、ここを霊場とされた。「梅檀山」という山号はこの伝説にちなんでいる。

大正時代には当時の住職・山岡瑞園大和尚が「子安講」を創始して、国内だけではなく海外にまで講員を拡大、今も安産・子育ての信仰を集めている。

たくさんの椅子が並ぶ本堂

桜と栴檀の木に
囲まれた子安大師堂

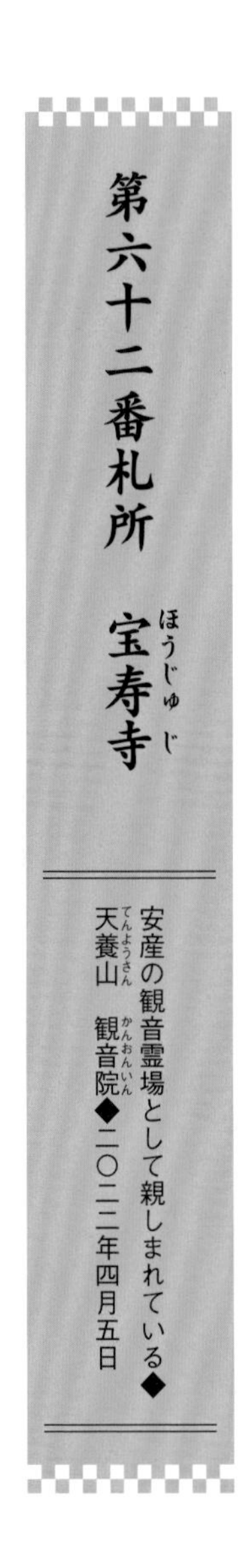

第六十二番札所　宝寿寺

安産の観音霊場として親しまれている◆
天養山　観音院◆二〇二二年四月五日

第六十二番宝寿寺に向かう。お参りをしている間に足の痛みが薄れたかと思ったが、すぐに左足の付け根が痛み始める。今日の行程は時間の余裕があるので、焦りはない。来たときと同じようにゆっくりと、そして休み休み歩くことにする。

やがて先ほどのJR小松駅に着いた。駅舎の椅子に座って痛みが治まるのを待ってお寺へと向かう。このお寺には山門はなく、「一国一宮」と書かれた石碑が、お寺の入り口となっている。境内に入ると、正面に旧本堂の屋根瓦が見える。そこに納経所が併設されている。手前右手に手洗舎があり、いつものように手と口を清めお参りを始める。

旧本堂の手前に小ぶりな本堂がある。かつては大師堂だったが、今は本堂となっている。

ご本尊は、総高六十センチほどの玉眼の十一面観音立像で、秘仏である。平成三十（二〇一八）年に特別開帳されたことがある。

ご本尊前仏、十一面観音立像、地蔵菩薩立像、布袋尊立像などは拝観できるのだが、残

お寺の入り口

本堂

念ながら今回は扉が閉まっていて拝めなかった。

このお寺は、聖武天皇の勅願により、天平年間（七二九〜七四九年）に伊予一国一の宮の法楽所として建立された。このとき、聖武天皇は『金光明最勝王経』を納めて僧道慈を任じ、講読させたという。当初は「金剛宝寺」と称して大国主大神ら三神を祀り、白坪という、現在地から約一キロ北の中山川の北側辺りに鎮座されていたという。

大同年間（八〇六〜八一〇年）に空海がこのお寺に逗留し、聖武天皇の后だった光明皇后を模した十一面観世音菩薩像を刻み、ご本尊とした。その際、寺号を宝寿寺と改められた。

ちょうどその頃、国司だった越智氏の夫人が難産で苦しんでおり、空海が境内の玉の井の水を加持して越智夫人に与えたところ、玉のような男の子が生まれた。それ以来、安産の霊場として信仰を集めるようになり、寺は繁栄したといわれる。

だがお寺は中山川下流の白坪にあったため、河川の氾濫によってしばしば破損した。そのたびに再建を繰り返し、山号も「天養山」と改められた。

天正十三（一五八五）年に豊臣秀吉による四国攻めでお堂は焼失した。その後寛永十三（一六三六）年に四国遍路の行者・宥伝上人によって、このお寺だけが現在地付近に移されて再興された。延宝七（一六七九）年、藩主の命により、洪水を避けるために白坪の神社がこの寺の横に移転。明治初期の廃仏毀釈によって、神社と分離されこの寺は廃寺となった。明治十（一八七七）年に大石龍遍上人によって、神社の南隣に再興された。大正十（一九二一）年には予讃線鉄道工事に伴い、さらに南側の現在地に移転した。

本堂と並んで大師堂がある。お堂がご開帳される日は決まっていない。この日は扉が閉まっていて拝観できなかった。資料によると、大師像と厨子は江戸時代の初期の作といわれている。厄除けにも霊験があり「厄除け大師」ともいわれ、年の数だけ「南無大師遍照金剛」と唱えるとよいとされる。大師堂の前には香炉がある。天井から風鈴を吊るすようになっており、願い事を書いた風鈴を奉納できる。

境内には子安観音像が鎮座され、今も安産を願う人々に親しまれている。

優しいお顔の子安観音像

第六十三番札所　吉祥寺（きちじょうじ）

四国霊場で唯一、毘沙門天（びしゃもんてん）がご本尊◆密（みっ）教山（きょうざん）　胎蔵院（たいぞういん）◆二〇二二年四月五日

十時に宝寿寺を後にし、再びＪＲ小松駅に引き返す。誰もいないベンチに座り、十分ほど足の痛みがやわらぐのを待つ。その間、地図を見ながら歩くコースを検討する。以前に歩いた山沿いの遍路道を行く予定だったが、足の痛みがある今は、歩くのはできるだけ短い距離にしたい。仕方なく大型車などがすぐ横を通る、国道11号線沿いの歩道を歩くことにする。香園寺から宝寿寺まで一・五キロほどなのに、五十分近くもかかった。ここから吉祥寺まで約一・四キロ。この調子だとやはり五十分ぐらいかかりそうだ。

駅前から国道11号線に出て、歩道を歩く。所によって狭い部分もあり、交通量の多い道路沿いを歩くのは危険さえ感じる。左足の痛みは相変わらず続いているが、一休みしようとしても立ち止まることもできない。

病院の駐車場に丸木が置かれているのを見つけ、ようやくそこに座って休む。すると、介護師に付き添われて散歩していた年配の女性が、横に腰かけて話しかけてきた。横峰寺

にお参りして足を痛めたと話すと、八十二歳になるというこの人も若いときに近所の人たちと一緒にお参りしたことがあるという。一日がかりでお参りして、翌日は疲れて何もできず、家で寝転んで過ごしたと話してくれた。

一息ついて、また歩き始める。やがて道路沿いに吉祥寺の標識を見かけ、左に曲がると、お寺の土塀が見えた。ここも桜が満開である。時計を見ると十一時。やはり時間がかかりすぎている。

小川を渡ると、その先に狛犬のような「白象」が出迎えてくれる。見事な屋根瓦の山門である。左の門柱には「本尊四国唯一体毘沙聞天王」と書かれた表札がある。

まずは龍が見つめる手洗舎に行き、いつものように手を清めることからお参りを始める。

一対の白象がいる山門

参道の正面にある本堂にお参りする。このお寺は「七難即滅、七福即生」のご利益があり、「米持ち大権現」として信仰されている。

本堂の内部を拝観させて頂く。ご本尊の毘沙聞天坐像は、六十年に一度ご開帳される秘仏で、拝観できない。だが、本尊前仏の毘沙聞天王、吉祥天女、善膩師童子は拝顔できた。四国霊場の中で毘沙聞天をご本尊とするのは、この寺のみである。毘沙聞天は、七福神の一人で財宝や開運の神様とされる。

縁起によると、弘仁年間（八一〇～八二四年）に空海がこの地方を訪れたとき、一本の光を放つ檜を見かけ、この霊木でご本尊の毘沙聞天像と吉祥天像、善膩師童子を刻んで安置され、貧困からの人々の救済を祈願してお堂を建立されたといわれる。

豊臣秀吉の四国征伐の際に兵火によって焼失したが、幸いにもご本尊は助けられ、麓の大師堂のあった所に移された。万治二（一六五九）年に末寺の檜木寺と合併して現在の地に再建された。

寺宝として「マリア観音像」がある。一般には公開されていないが、高さ三十センチほどの純白の高麗焼きの像という。土佐沖で難破したイスパニア（スペイン）船の船長が長曾我部元親に託したものである。元親はマリア像とは知らず、吉祥天のように美しい観音像として代々伝えられてきた。そのため徳川幕府のキリスト教禁止令が出されたときも、

毘沙聞天を祀る本堂

難を逃れることができた。

大師堂は、こぢんまりした素朴なたたずまいである。その他、くぐり吉祥天も見どころの一つだ。これはご本尊毘沙聞天の后の吉祥天の像で、この像の下をくぐると富貴財宝を授かるという。すぐ横に成就石がある。本堂の前から目を閉じて金剛杖を頼りに石のあるところまで歩き、直径三十センチほどの穴に杖を差し込むと願いが叶うといわれている。

最後に納経所に寄り、ご朱印を頂いた。住職に「横峰寺にお参りして足を痛めました」と話すと、「すぐ近くの氷見駅から次の石鎚山駅まで列車で行ったらよい」と教えてくださった。山門の前で一礼し、氷見駅へと向かう。十一時四十分になっていた。

第六十四番札所　前神寺（まえがみじ）

霊峰石鎚山を守る古刹◆石鈇山（いしづちさん）　金色院（こんじきいん）

◆二〇二二年四月五日

吉祥寺から次の第六十四番前神寺まで三・二キロ。普段なら一時間も歩けば十分たどり着ける距離である。しかし、足の痛みはどうしようもなく、住職の助言通りにＪＲを利用することにした。ＪＲ氷見駅はすぐ近くだった。上りの各停列車は十一時四十四分発。二十分ほど待って乗車する。次の石鎚山駅には十二時ちょうどに着いた。

通学にでも使われているのか、駅舎の前には数台の自転車が置かれていて、静かな無人駅のたたずまいである。満開の桜で覆われ、映画の一コマでも見るようだ。

駅の正面の赤い鳥居が目を引く。石鎚神社の鳥居だろう。鳥居の手前にある国道11号線を少し歩くと、川沿いの道が前神寺へと伸びている。やがて総門が見える。「石鉄山」と書かれた扁額が掲げられた総門も、桜に彩られて華やかだ。

仁王様の代わりに狛犬が出迎えてくれる。口をあけた阿形と口を閉じた吽形。ともに桜の花に囲まれて、お寺の厳しい守り役も穏やかな表情に見える。

映画の一コマのような駅舎

簡素な総門

口を閉じた吽形の狛犬

総門の前で一礼して境内に足を踏み入れる。

参道沿いにはさまざまな記念の石碑が立てられている。満開の桜並木を愛でながら参道を進み、薬師谷川に架かっている極楽橋を渡る。ここから結界なのだろうか。高野山の極楽橋を思い出す。正面には大師堂の大きな屋根が見える。

橋の右側にある小ぶりな手洗舎で手と口を清め、お参りを始める。左手には鐘楼がある。まずは境内の最も奥にある本堂にお参りする。入母屋造りで青い銅板葺きの屋根が美しい。昭和四十七（一九七二）年に再建されたものである。

本堂の中を拝観させてもらった。ご本尊は蔵王権現の本地仏である阿弥陀如来立像で、江戸時代前期から現代に至るまでご開帳された記録のない秘仏である。

節分の日には、本堂の前で盛大にかがり火が焚かれ、柴燈護摩（さいとうごま）が催される。

寺伝によると、役行者が石鉄山（石鎚山）の頂上で修行を続けるうちに、衆生の苦しみを救済するため、釈迦如来と阿弥陀如来が合体して石鉄蔵王権現となって現れたのを感得し、その尊像を彫って祀ったのが、このお寺の始まりとされている。

その後、桓武天皇が病気を患ったときに、平癒の祈願をして成就したことから、ここに七堂伽藍が建てられ、祈願寺として「金色院前神寺」の称号を下賜された。

空海も二度石鎚山を訪れ、護摩修行や断食修行などを行ったという。

青い銅板屋根が目を引く本堂

歴代の天皇の信仰を集め、徳川家や西条藩主、小松藩主も厚く遇した。なお、石鎚山山頂の弥山（みせん）にある祠は、石鉄山蔵王権現の別当で、東の遥拝所でもあった。

神仏習合の霊場として栄え、江戸時代には西条藩主・松平氏の祈願所として三つ葉葵の寺紋を下賜されるほどであったが、明治初期の神仏分離令により、寺領を没収され、廃れた。だが、三方山に囲まれ、荘厳ですばらしい場所だったため、檀家などからお寺の復興願いが出され、明治二十二（一八八九）年、ようやく前神寺として復興を果たした。以来、真言宗石鉄派の総本山として、法灯を守り続けている。

極楽橋近くまで引き返し、方形造りの大師堂にお参りする。この日は玉眼の前身真っ黒

こぢんまりした大師堂

石鉄権現堂

な大師像は拝観できなかったが、お姿を拝める日もあるという。

本堂の広場から石段を上ると、石鉄権現堂がある。石鉄山蔵王権現を祀るお堂で、三体の権現像は毎月一度ご開帳され、加持される。お堂の中を拝観させてもらったが、この日は三対の権現様のお姿はなかった。

その他の見どころとして、薬師堂がある。残念ながら内部は拝観できなかった。ご本尊の薬師如来は秘仏である。

本堂へ向かう参道の石段の右側には「お滝不動」がある。かつてはここで滝打ちの修行が行われていたが、水量が減り、現在は行われていない。一円玉を投げて滝の下の岩肌に張り付くとご利益があるといわれており、大勢の人が投げている。

すぐ前に十三仏または舟形石仏といわれる石像がある。背後にはそれぞれの石像の名前が書かれた額があった。また水子地蔵菩薩像や、一枚石に彫られた珍しい大師像が鎮座し、小さなお堂には金比羅権現が祀られていた。

境内のお参りをすませて、納経所でご朱印を頂く。先ほど来た道を引き返し、ＪＲ石鎚山駅に戻ったときは十三時になっていた。

第六十五番札所　三角寺（さんかくじ）

空海の護摩修法の跡が残る◆由霊山（ゆれいざん）　慈尊院（じそんいん）◆二〇二二年四月六日

昨日は十六時前にホテルにチェックインし、夕食の弁当を買いに出かけた後はゆっくり休んだ。今朝は四時頃ベッドを離れると、いつものように前日の写真を確認し、行動をノートに書き留めた。

今日お参りする第六十五番三角寺にはバスを利用するが、そのバス停のあるＪＲ伊予三島駅まで少し距離があるので、ホテルからタクシーで行った。せとうちバス新宮行きの始発は七時四十四分。乗り遅れないように、早めにバスの停留所に着いた。少し肌寒い。ＪＲ駅舎の待合室でバスを待つ。

バスは定刻に出発。乗客は私だけであった。古い町並みを通り抜け「三角寺口」のバス停に八時十一分に着いた。バスを降りるとき、運転手が川沿いの道を指差しながら、「あの道を歩けば三角寺に行けます」と教えてくれた。

バス停の近くに標識があり、三角寺までは二・四キロと表示されている。時刻を確認し

郵 便 は が き

料金受取人払郵便

新宿局承認

2525

差出有効期間
2025年3月
31日まで
(切手不要)

1 6 0-8 7 9 1

141

東京都新宿区新宿1－10－1

(株)文芸社

愛読者カード係 行

ふりがな お名前			明治 大正 昭和 平成 年生 歳
ふりがな ご住所	□□□-□□□□		性別 男・女
お電話 番 号	(書籍ご注文の際に必要です)	ご職業	
E-mail			
ご購読雑誌(複数可)		ご購読新聞 新聞	

最近読んでおもしろかった本や今後、とりあげてほしいテーマをお教えください。

ご自分の研究成果や経験、お考え等を出版してみたいというお気持ちはありますか。

ある　　ない　　内容・テーマ(　　　　　　　　)

現在完成した作品をお持ちですか。

ある　　ない　　ジャンル・原稿量(　　　　　　　　)

書　名			
お買上 書　店	都道　　　　市区 府県　　　　郡	書店名	書店
		ご購入日	年　　月　　日

本書をどこでお知りになりましたか?

1.書店店頭　2.知人にすすめられて　3.インターネット(サイト名　　　　　　　　)

4.DMハガキ　5.広告、記事を見て(新聞、雑誌名　　　　　　　　)

上の質問に関連して、ご購入の決め手となったのは?

1.タイトル　2.著者　3.内容　4.カバーデザイン　5.帯

その他ご自由にお書きください。

(　　　　　　　　　　　　　　　　　　　　)

本書についてのご意見、ご感想をお聞かせください。

①内容について

②カバー、タイトル、帯について

弊社Webサイトからもご意見、ご感想をお寄せいただけます。

ご協力ありがとうございました。

※お寄せいただいたご意見、ご感想は新聞広告等で匿名にて使わせていただくことがあります。

※お客様の個人情報は、小社からの連絡のみに使用します。社外に提供することは一切ありません。

て八時十五分、歩き始めた。まだ一昨日の疲れは残っているようで、左足に痛みを感じる。

　道を間違えないように地図を用意してきたが、道の角ごとに案内標識があり、杞憂であった。しばらく歩くと、左足の付け根が痛み、歩くのが辛くなった。昨夜ゆっくり休んだつもりだったが、またぶり返したようだ。だが、帰りのバスは十二時五十二分。十分に時間はある。ゆっくり歩くことにする。

　三島方面からの道に合流。桜の花の下で一休みする。見晴らしのよいところから今歩いてきた道を振り返ってみると、四国中央市の町並みや工場、その先の瀬戸内海も望める。空は晴れ渡り、はるかに見える山々も気持ちがよさそうだ。

すばらしい眺望に元気をもらう

九時三十五分、広々とした駐車場に着く。中ほどに三角寺の石段がある。一息入れてから七十三段の石段を上る。三角寺は標高三百六十メートル。伊予国最後の札所である。標高四百六十五メートルの竜王山の中腹にあり、かつては厳しい山道を上らなければならない難所であった。

山門は鐘門であり、仁王門でもある。このお寺は伊予の関所寺ともいわれており、一礼してくぐり、審判を受ける。無事、境内に入ることを許されたので、まずは本堂にお参りする。

ご本尊の十一面観音が納められた厨子の両脇には、胎蔵大日如来坐像と文殊菩薩坐像、さらに不動明王立像、毘沙門天立像が安置されている。

十一面観音は、子安観音、厄除観音として信仰されている。妊婦が寺の庫裏にあるしゃもじをひそかに持ち出して、出産のときに床下に置くと安産になるといわれる。寺では妊婦がしゃもじを持ち帰るのを、見て見ぬ振りをしている。妊婦は安産の後にお礼として新しいしゃもじを持ってお参りにくるという。

また、子宝に恵まれない女性は裏の入り口でしゃもじをもらい、自宅に持ち帰って使いながら子授けを祈願するという慣わしがある。納経所では、本人が申し出るとしゃもじを授けてもらえる。また腹帯も扱っている。

本堂

　このお寺は、天平年間（七三〇〜七四九年）に聖武天皇の勅願により、行基が弥勒浄土をこの世に実現しようとして創設したと伝えられている。弘仁六（八一五）年に空海がこの地を訪れ、十一面観音を刻んでご本尊とし、さらに不動明王も刻み、三角形の護摩壇を築いて二十一日間の「降伏護摩の秘法」を施された。空海はこの辺りに棲む悪い龍に、農民に水を提供するように、約束させたのである。この護摩壇の跡が、三角（みすみ）の池の中の島として今も残っており、寺名の由来ともなっている。

　お寺は嵯峨天皇の庇護を受け、十二坊と七堂伽藍を備える大寺院となった。

　その後、長曾我部元親の「天正の兵火」でご本尊以外は焼失したが、江戸時代に復興したとされる。現在の本堂は嘉永二（一八四九）年に再建されたもので、二層になっている。本堂のお参りをすませ、隣の大師堂をお参りする。阿弥陀如来を中心に、右側に大師像が祀られている。阿弥陀如来坐像と大師像は、平成二十六（二〇一四）年に初めてご開帳された。大師堂の右隣には薬師堂がある。薬師堂と庫裏の間には、空海が築いた護摩壇の跡といわれる三角の池がある。この池の中の島に、七福神の唯一の女神である弁財天が祀られている。また、奥の院・別格十三番札所「仙龍寺（せんりゅうじ）」への標石がある。元禄時代には山を越えて、この仙龍寺まで出かけてお大師様の参拝をしていたとされる。以前訪れたときの記憶は定かではないが、名刹だったようだ。再度訪れてみたいお寺である。

この日は山桜が満開であった。お参りをすませ、昼時だったので昨夜スーパーで買ってきたお稲荷さんを食べた後、桜の撮影にいそしんだ。寛政七（一七九五）年に当地を訪れた一茶が詠んだ「是でこそ登りかひあり山桜」の句碑が、本堂の前にあった。

最後に納経所でご朱印を頂く。住職が笑顔で「山桜がきれいだったでしょう」とおっしゃったのが印象的であった。ちなみに山桜の花言葉は「あなたに微笑む」という。

山門の背後にあった「なで仏のおびんずる様」に別れを告げて、道を下った。

三角の池。空海の護摩修法の跡

山桜に包まれるお寺

涅槃の道場
讃岐の国◆香川

涅槃とは煩悩から解放され悟りの境地に達すること

第七十二番曼荼羅寺の仁王門

第六十六番札所　雲辺寺（うんぺんじ）

四国霊場で最も高地にある関所寺◆巨鼇山（きょごうざん）　千手院（せんじゅいん）◆二〇二二年十月二十四日

第六十六番雲辺寺から「涅槃の道場」が始まる。

令和四（二〇二二）年十月二十四日。四国八十八ヵ所遍路旅の最後の国、讃岐国へ。八十六歳を過ぎての同行二人。体力の不安を抱えながらの旅立ちである。

午前四時三十分。わが家の玄関を出ると、外はまだ暗く、少し肌寒い。JR松山駅まで約二・五キロ。途中でコンビニに寄り、朝食用のサンドイッチとコーヒー牛乳、昼食用のおにぎりとお茶を購入する。背中の荷物が四キロほどあるうえ、買い物をしたので、かなりの重さになる。今日は下りの山道を含むと九・四キロの道程。歩けるか、少し心配だ。

JR松山駅五時五分発の高松行きの特急列車に乗車。JR観音寺駅に六時四十四分に着いた。ロープウェイまで約十二キロ。タクシーを利用して、二十五分ほどで雲辺寺ロープウェイ駅に到着。ロープウェイは二十分間隔で運行している。七時二十分の始発に乗車する。運賃は片道千二百円。五歳ぐらいの男の子を連れた僧侶夫婦、お寺にお参りに行く若者、合わせて五人を乗せてロープウェイは出発した。

ゴンドラからの眺めはすばらしく瀬戸内海を一望できる。前回は六十五番三角寺から山道が続く遍路道だったので、景色がまったく違う。僧侶夫妻の子どもも珍しそうに外の景色を眺めていた。ロープウェイは七分ほどで山頂駅に到着。

駅を降りるとすぐ左手に、等身大の羅漢像が目に入る。彼らはお釈迦様の弟子たちだ。何かを語りかけていたり、考え深そうに膝に手を当てていたり、背伸びしていたり……。

山門に着くと真新しい背後の杉が、青空にくっきりと浮かび上がって見える。山門は平成二十三（二〇一一）年に移転したもので、瓦葺き、入母屋造り、八脚門である。

参道にたたずむ羅漢像

本堂

願い事を叶えてくれる「おたのみなす」

まだ木の香りが漂っているようだ。両脇には仁王像、背後には大きな草鞋があった。

雲辺寺は、香川県と徳島県の県境に位置する、標高九二七メートルの雲辺寺山の山頂付近に鎮座している。四国霊場の中で最も高所にある。住所は徳島県三好市であるが、讃岐の最初の札所とされ、関所寺ともなっている。

山門をくぐり石段を上がると、手前に鐘楼、マニ車、正面奥には大師堂拝殿があり、裏に大師堂奥殿がある。まず大師堂にお参りする。銅板葺きで入母屋造りであるが、建てられた時代は不明。靴を脱ぎ、回廊をまわって大師堂の背後にある大師堂奥殿を拝観する。銅板葺きで方形造りである。大師堂前の緩いスロープを下る。両側に石灯が並んでいる。そのスロープを下った先に厄除坂があり、上ると本堂がある。

本堂は銅板葺きの屋根で、鉄筋コンクリート造りである。平成二十一（二〇〇九）年に落慶。中央に前立本尊の石造千手観音が鎮座し、向かって右側に黒不動明王立像、左に黒毘沙門天立像、その背後に地蔵菩薩立像が鎮座している。

近くに持仏堂があり、向かい合って納経所がある。その前の参道に「おたのみなす」と刻まれた石柱がある。「頼みごとが成す」を「なす」にかけている。なすの形をした石のモニュメントがあり、願い事を書いた紙をそれに貼り付けると願い事が叶うという。だが、すでにたくさんの紙で覆われており、貼り付ける余地はなさそうだ。

伝承によると、空海はこの雲辺寺に三度登っている。最初は延暦八（七八九）年、空海が十六歳のときに、第七十五番善通寺を建てるための木材を求めて雲辺寺山に登った。そのとき、この地が霊山と感じ一夜でお堂を建てられた。これがこのお寺の起源とされる。

その後、空海が三十四歳のときにここで修行を行い、弘仁九（八一八）年には嵯峨天皇の勅命を受けて山に登り、ご本尊を刻んで七仏供養を行い、霊場と定められた。

この霊場は僧侶たちの学問や修行の場となり、やがて「四国高野」と呼ばれるようになった。貞観年間（八五九～八七七年）には清和天皇の勅願寺ともなった。

鎌倉時代には七堂伽藍が整備され、十二坊と末寺を八ヵ寺も備えた古刹として栄えた。

承徳二（一〇九八）年に火災で全山焼失した。その後、鹿を追ってこの山に入った猟師の与成（よなり）が樹上に現れた観音菩薩の威厳にうたれて発心し、お堂の再建を果たした。

天正五（一五七七）年、土佐を統一した戦国大名・長曾我部元親は、この寺を参拝し、裏山から眼下の景色を眺めながら四国統一の野望を語ったが、住職にいさめられたという。

昭和六十二（一九八七）年に、香川県観音寺市側の山麓と雲辺寺がロープウェイで結ばれ、参拝しやすくなった。

このお寺には宝物館が二棟ある。本堂の背後の宝物館には、重要文化財のご本尊の木造千手観音坐像、同じく木造毘沙門天立像と鋳造金剛界大日如来坐像、四天王立像、及び初

一つの石で作られた水子観音像

代ご本尊の一部である仏頭や手などが収蔵されている。護摩堂の背後の宝物館には不動明王立像が収納されている。

その他の見どころとして、五社大権現や水子観音像がある。巨木もそびえ、すがすがしい気が流れている。標高九二七メートルの最高所に毘沙門天展望館があり、屋上に立つと三六〇度見渡せる。

最後に納経所でご朱印を頂き、山門に一礼してお寺を後にした。九時十分であった。

第六十七番札所　大興寺（だいこうじ）

真言宗と天台宗の二つの大師堂がある◆小松尾山（こまつおざん）　不動光院（ふどうこういん）◆二〇二二年十月二十四日

雲辺寺から第六十七番大興寺まで九・二キロ。そのうち四・三キロは下りの山道である。車も通れるほど広い尾根沿いの道を歩き始める。七百メートルほど進むと鉄塔があり、そのそばに尾根道からはずれて左へ下る山道がある。この辺りの標高は約八百七十メートル。遍路道は落ち葉で埋め尽くされている。ウォーキング気分で心地よく、足取りも軽い。

道沿いのお地蔵様が見守ってくれている。この辺りから下り勾配がきつくなり、浸食されて段差の激しいところでは、疲れも加わり幾度か転倒する。

雲辺寺から四・三キロほど下ると広い県道となり、民家も目立ち始める。道端には、粗末ではあるが、雨風をしのぐ屋根が設けられたお地蔵様を見かけるようになる。

県道240号線を五キロほど歩くことになるが、人も車もほとんど見かけず単調な道である。疲れが出て歩くのが嫌になってくるが、のどかな風景は目を楽しませてくれる。稲刈りを終えた田んぼのほとりには「へんろ道」と書かれた古い道標があった。

疲れ果て、ようやく大興寺の駐車場に着いたときは十四時三十分になっていた。五時間ほど歩いたことになる。

以前の遍路旅の、平成九（一九九七）年五月十一日の日記には「伊予三島市から三角寺、雲辺寺を経て、山本町の大興寺のすぐ近くにある民宿まで、五万八千六百二十一歩」と書いている。そのときは朝六時に出発し、夕方六時まで歩き続けた。六十歳と八十六歳の体力の差を、いまさらながら痛感した。

駐車場を出ると地蔵尊が出迎えてくれ、小さな橋を渡ったところに仁王門がある。

この仁王門は文保二（一三一八）年に建立されたものである。「小松尾山」と書かれた扁額が掲げられている。堂々とした金剛力士像は、仏師として名高い運慶の作と伝えられ

樹々に抱かれた仁王門

ている。

鎌倉初期のもので、座高三百十四センチ。四国八十八ヵ寺の中で最も大きな木造の仁王像である。頭部は江戸時代に付け替えられている。

一礼して門をくぐると、すぐに修行大師が出迎えてくれる。弘法大師お手植えと伝えられる樹齢千二百年余りというカヤの木が天高く枝を伸ばしている。樹高は二十メートル、胸高の幹周りが約四メートル。香川県の自然記念物に指定されている。その近くには楠の大木もそびえている。

カヤの木のそばから九十四段もの長い石段が始まる。石段の中ほどの左側に、石造五輪塔がある。ここには旧大師堂があった。

石段を上り詰めると、右に鐘楼堂と水子地蔵がある。お地蔵様の穏やかな表情に、心が癒される。左には手洗舎があり、正面に本堂、左側の奥に弘法大師堂、右側の奥に天台大師堂がある。これによって、このお寺には二つの宗派が共存していたことがわかる。

本堂にお参りしたが、屋根の葺き替え工事中であった。写真は以前にお参りしたときのものである。本堂は寛保元（一七四一）年に再建されたものである。堂内では何本もの赤いローソクの火が揺らめいている。いわゆる「七日燈明」と呼ばれるもので、赤いローソクに願い事を書いて奉納すると、七日間火を灯して祈願してもらえる。病気平癒、安産、

本堂。以前の遍路旅で撮影

良縁などにご利益がある。

ご本尊の木造薬師如来坐像は、檜の寄木造で平安時代後期の作とされ、香川県指定有形文化財である。六十年に一度ご開帳され、最近では平成二十九（二〇一七）年三月二十六日から五月八日までであった。

地元では、山号にちなんだ「小松尾寺（こまつおでら）」の名前で親しまれている。

寺伝によると、天平十四（七四二）年に熊野（くまの）三所権現（さんしょごんげん）鎮護のために、東大寺末寺として建立された。その後火災に遭ったが、弘仁十三（八二二）年に嵯峨天皇の勅願により空海が再興、ご本尊の薬師如来を刻んで、堂宇を建て安置されたという。

境内から弘仁十三（八二二）年より前の瓦などが発掘されていることから、奈良時代には創建されたものと推測されている。

現在の大興寺は真言宗の寺院であるが、かつては真言宗二十四坊、天台宗十二坊の僧堂があり、二つの宗派の修行の場となっていた。そのため天台宗の影響も大きく、本堂に向かって左側に空海を祀る弘法大師堂があり、右側に六世紀頃の中国の天台宗開祖・智顗(ちぎ)大師を祀る天台大師堂がある。本堂のご本尊、薬師如来の脇侍が天台宗の不動明王立像であるのもその名残である。

弘法大師堂には弘法大師坐像が祀られ、脇陣は胎蔵大日如来坐像と如意輪観音である。春秋の彼岸の日にご開帳される。天台大師堂の天台大師坐像には、鎌倉時代後期、建治二(一二七六)年の銘があり、檜寄木造彩色で、座高は約七十七センチ。天台大師の彫像はきわめて少ないという。また、熊野三所権現が、弘法大師堂の南に祀られている。

その他、角塔婆(かくとうば)や池の中にたたずむ金仏地蔵、境内の見事な庭園などを拝観し、納経所でご朱印を頂く。この後のお参りは諦め、タクシーでホテルへ向かう。

弘法大師堂。背後は屋根を葺き替え中の本堂

珍しい天台大師堂。以前の遍路旅で撮影

第七十番札所　本山寺

美しい五重塔がシンボル◆七宝山　持宝院◆二〇二二年十月二十五日

昨日中に同じ境内に建つ二つのお寺、六十八番神恵院と六十九番観音寺のお参りをすませるつもりでいた。しかし、雲辺寺の長い下りの遍路道がきつすぎて、体力も気力もなくしてしまった。今回の遍路旅に余裕ができたら、改めてお参りをすることにする。そのためお寺の順序が前後するが、今日は当初の予定通り、七十番本山寺からお参りを始める。六時十分、ホテルを出発。ＪＲ観音寺駅はすぐ近くだが小雨が降っている。手持ちの傘をザックに入れたまま急ぎ足で歩き、五分ほどで観音寺駅に着いた。六時二十六分発の各駅停車に乗車。六時三十分、ＪＲ本山駅に到着。

本山寺まで一・二キロ。駅を降りるとまっすぐ東に向かう。途中で人を見かけて道順を確かめ、教えてもらった通りに歩き、二十分ほどでお寺に着いた。時計を見ると七時だ。

駐車場に面して仁王門がある。室町時代中期の久安三（一一四七年）に建立されたもので、和様、唐様、天竺様を取り入れた珍しい折衷様式の建物である。切妻造りで本瓦葺き、円柱の八脚門である。国の重要文化財に指定されている。

仁王門の左右には、香川県指定重要文化財の金剛力士像がある。門の前で一礼して、二万平方メートルという広大な敷地を誇る境内に入る。

まずは龍のいる手水舎で手と口を清める。

参道の正面奥に堂々とした本堂がある。鎌倉時代の正安二（一三〇〇）年に京極近江守氏信の寄進によって再建されたという。昭和時代に解体修理が行われた際に発見された礎石の墨書から、正安二年の建立が裏付けられている。鎌倉時代の密教建築の傑作とされ、国宝に指定されている。ご本尊は、四国霊場唯一の馬頭観世音菩薩、左右に薬師如来と阿弥陀如来が安置されている。いずれも秘仏で

国宝に指定されている本堂

ある。

寺伝によると、このお寺は、大同二（八〇七）年、平城天皇の勅願寺として、空海自ら刻んだとされる馬頭観世音菩薩像をご本尊とし、阿弥陀如来と薬師如来を脇侍として開創したという。当初は「長福寺」と称していた。このとき、本堂はわずか一夜でできたという「一夜建立」の伝説がある。

中世には、寺領二千石、二十四坊を持つほどの大寺院となったが、天正年間（一五七三～一五九二年）に、長曾我部元親の焼き討ちに遭う。このとき、阿弥陀如来が本堂の焼失を防いだとする、次のような伝説が残されている。

長曾我部の軍勢の攻撃を住職は押しとどめようとしたが、腕を切られてしまった。住職を振り切って軍勢が本堂に攻め入ると、阿弥陀如来が現れ、腕から血がしたたり落ちていた。それを見て驚いた長曾我部軍は、本堂と仁王門には火を放たずに逃げ出したという。それ以来、阿弥陀如来は「太刀受けの弥陀」と呼ばれるようになった。

その後、江戸時代に再興され、寺の名前も長福寺から本山寺へ改称された。

本堂に向かって左側に五重塔がある。高さ約三十八メートル。このお寺のシンボル的な存在で青空にそびえる姿が美しい。初層中央には、明治初期に作られた、檜材の五智如来が祀られている。四国札所の中で五重塔があるのは、第三十一番竹林寺、第七十五番善通

お寺のシンボル、五重塔

寺、第八十六番志度寺と、このお寺を加えて四ヵ寺だけである。

　本堂の右側には大師堂がある。平成二十六（二〇一四）年に大師像がご開帳され、以来毎月二十一日に拝顔できるようになった。

　この他、室町時代中期に建立されたとする赤堂（大日堂）や鎮守堂、十王堂、護摩堂、舟形石仏を祀る一畑薬師堂、鐘楼、客殿など、見どころは多い。

　また、ご本尊の馬頭観音にちなんで、ブロンズの二頭の馬が境内で戯れている。

　ご朱印を頂き、七時二十分、お寺に別れを告げてＪＲ本山駅へ引き返す。

第七十一番札所　弥谷寺（いやだにじ）

日本三大霊場の一つ◆剣五山（けんござん）　千手院（せんじゅいん）◆
二〇二二年十月二十五日

八時十一分JR本山駅発の上りの各駅停車に乗車。八時二十分に「みの駅」に着く。今日は十四キロほど歩く予定で、無理をする必要もないので、みの駅からお寺までの三・三キロはタクシーを利用することにした。十分ほどで仁王門の手前にある駐車場に着く。おかげで八時三十分には、お参りを始めることができた。

このお寺は標高三百八十二メートルの弥谷山の中腹にあり、標高二百二十五メートル地点に本堂が鎮座している。その背後の岩盤には千手佛が納められていて、古くから山岳宗教の修行の場として山全体が信仰の対象とされてきた。青森県の恐山、大分県の臼杵磨崖佛（うすきまがいぶつ）と並んで日本三大霊場の一つでもある。

この弥谷山には次のような言い伝えがある。

本堂の近くにある水場の洞窟は「極楽浄土への入り口」とされ、身内に亡くなった人がいると、その人を水場まで運び「極楽浄土にいけますように」と願って魂をおろす。帰り道では、魂がそのままついてきて極楽浄土にいけなくなるので、山門を出るまで決して振り返ってはならないという。

一昨年、母を亡くし、三回忌を迎えたところである。この言い伝えを心に刻んでお参りをする。

駐車場のそばにある「さぬき百景」と書かれた石碑の横の石段を上る。右に進むと第七十二番曼荼羅(まんだら)寺、左に進むと弥谷寺となる。まずは左に進み弥谷寺の山門に向かう。「剣五山」と書かれた扁額に頭を下げ、仁王様に境内に入る許しを得て門をくぐる。ここから本堂まで五百四十段もの石段を上らなければならない。

バスなどで本堂近くまで行けるが、今回は表参道巡拝路といわれる灌頂(かんじょう)川に沿った長

神秘的な雰囲気が漂う仁王門

赤い手すりの百八階段

い石段を上る。法雲橋付近は樹木が生い茂り、昼も薄暗いため「賽の河原」といわれている。仁王門から石段を二百七十段上ると、大きな金剛拳菩薩像が迎える。菩薩像は高さが六メートルあり、元禄時代に二十年かけて鋳造された。「菩薩の境地を顕した菩薩様で、病気治癒にご利益があるとされます」と説明がある。この菩薩像の横の石段には鉄製の赤い手すりがあり、踊り場のない厳しい上りで、「百八階段」と呼ばれる。私の母が、百八の煩悩を超えて百九歳で天寿をまっとうしたことを思い浮かべながら上った。

石段を上りきると右に行けば本堂、左に行けば大師堂と、参道が左右に分かれる。例によって本堂からお参りすることにして右側の参道へと進む。参道に沿って塔やお堂がある。

極楽浄土への入り口とされる水場

経堂は石積みの石室で、上に修行大師像がたたずんでいる。鐘楼があり、閻魔大王と地蔵菩薩像が祀られている十王堂があった。その横の石段を上る。水場が洞窟の入り口にあり、石柱やお地蔵様が並んでいる。ここは古代インドの世界観の中心となっている山、須弥山への入り口とも極楽浄土の入り口ともされている。涸れることがない水で経木を洗い清めて願掛けをする。私は極楽浄土の世界へと旅立つよう願って、母の霊を見送った。

いくつかの石段を経て、仁王門から数えて五百四十段の石段を上り詰め、ようやく本堂にたどり着いた。本堂の前から三豊平野が展望できる。

本堂は木造平屋建、入母屋屋根である。当

初、本堂は現在の本堂の背後の岩壁の上にある洞窟であった。現在の本堂が建築されるまで、裏の岩山全体がご本尊とされ、古代山岳信仰の元ともいえる「遍路信仰」の場として貴重な存在とされていた。拝殿はガラス張りである。資料によると、ご本尊の千手観音菩薩と両脇仏の不動明王、毘沙門天が鎮座する。向かって右脇陣には秘仏の胎蔵大日如来、左脇陣には大師像がおられる。

崖際に緑に覆われた多宝塔が建っている。内部には天女の絵や天井画などがある、といわれるが拝観できなかった。また、岩壁には空海が刻んだとされる阿弥陀三尊磨崖仏があり、真言を唱えると極楽往生ができるともいわれている。

このお寺はおよそ千三百年前に、聖武天皇

岩壁の前に建つ本堂

の勅願によって行基が創建したとされる。寺宝の経文の中には天平年間の養老八（七二四）年のものもあり、天平時代の開基を裏付ける資料ともなっている。

空海は少年時代に、大師堂の奥の院にある「獅子之岩屋」で修行し、学問に励まれたという。唐から帰国した空海は、大同二（八〇七）年にこの地を再び訪れて護摩の修行をし、ご本尊の千手観音や、唐から持ち帰った金銅四天王五鈷鈴と五本の剣を安置された。これが「剣五山」という山号の由来となっている。戦国時代の「天正の兵火」によって一時は荒廃したが、丸亀藩主・京極氏によって再興され、現在に至っている。

百八階段に引き返し、左に向かう参道にあ

緑に覆われた多宝塔

静謐な気が流れる大師堂

明かりが差し込む弘法大師御学問所

る石段を二十段ほど上ると磨崖仏があり、その横に大師堂がある。入り口右側に「明星之窓」の明かりとりの丸い窓が見える。この建物の中には、大師堂や奥の院、納経所などがある。まずは座って大師像にお参りする。木造大師像は厨子の中に納められていて秘仏となっているため、拝観はできない。

　また、洞地蔵尊（ほらじぞうそん）は首から上の病にご利益があるといわれるお地蔵さまで、大師堂内から参拝できるという。座って岸壁の十メートル上方を見上げないと、そのお姿を見られないという。試みたがうまくいかず、拝観できなかった。

　厨子の後ろをまわり奥の院へと向かう。獅子が口を開けたような岩屋のために「獅子之岩屋」と名付けられている。この岩屋には仏の功徳を称える歌があり、「信心発せば、その身はいかなる厄災罪業があろうとも、獅子の御口がくいつぶし、心身清浄ならしめたもう」とある。病気平癒など厄災消除に霊験があるという。

　奥の院にはご本尊の厄除弘法大師石像の他、父君や母君の石像など、十体の磨崖仏が安置され、「明星之窓」から差し込む光に照らされている。この明かりで空海が学問に励んだことから「弘法大師御学問所」ともいわれている。

　納経所でご朱印を頂き、山門に引き返す。振り返らないように注意しながらお礼を言い、弥谷寺を後にした。九時五十分になっていた。

第七十二番札所　曼荼羅寺

四国霊場最古の歴史を誇る◆我拝師山延命院◆二〇二二年十月二十五日

弥谷寺の駐車場の石段の上まで引き返し、第七十二番曼荼羅寺に向かう。ここから三・五キロ。山道だが下り坂のため、比較的に気楽に歩ける。この弥谷寺から曼荼羅寺への遍路道のうち、善通寺市の蛇池までの〇・九キロは「曼荼羅寺道」と呼ばれ、国指定史跡となっている。道沿いに丁石や石造物があり、昔ながらの遍路道の面影が残っている。

弥谷寺から二・五キロ地点の大池のほとりに七仏寺があり、空海が七体の薬師如来の石仏を祀った七仏薬師堂がある。

国道11号線を通りすぎ、曼荼羅寺の手前のため池沿いに我拝師山が見え、鞍部に「捨身ケ嶽禅定」を望める。これは第七十三番出釈迦寺の奥の院である。十一時二十分、曼荼羅寺に着く。途中で道を間違えてスマホに教えてもらった。少し時間を無駄にした。

山門の仁王様に一礼し、境内に入る。石橋の正面に本堂が見える。本堂の手前の左側に「真念しるべ石」がある。この真念石は、真念法師が遍路道に道標として設置したと伝えられ、貞享（じょうきょう）四（一六八七）年頃には多くあったが、時を経るにつれ、消滅したり、道路工事などで失われたりして、現在では二十基ほどしか残っていないという。

本堂の前には平安末期の漂泊の歌人、西行法師ゆかりの桜の木や石がある。

西行が都に帰るとき、同行者が形見として、桜の木に笠を掛けたまま出発したのを見て、西行は「笠はありその身いかになりぬらんあはれはかなきあめが下かな」と詠んだとされ、この桜は「笠掛桜」と呼ばれている。歌碑も立っている。

そのそばに「西行の昼寝石」といわれる平らな石がある。西行はこのお寺の近くの「水茎の丘」に庵を結び七年余りを過ごした。このお寺にもたびたび訪れ、この石の上で昼寝

本堂とその前の笠掛桜

をしたと伝えられている。

本堂は木造平屋建の入母屋屋根である。三百七十枚で構成されている格天井は内陣と外陣に分かれていて、荘厳な仏の世界を創り出している。

内陣には天空を意味する「二十八宿」の星座が描かれ、星座の中央には「法輪」がある。四隅には守り役が配置され、真言密教の根本となる曼荼羅の空間が広がる。仏教の宇宙観を具現化した曼荼羅は、大日如来を中心に輪を描く仏の世界を表したものである。

ご本尊は金剛界大日如来で、毎年春と秋の彼岸のみご開帳される。

このお寺は、空海の出身氏族である佐伯氏の氏寺として　飛鳥時代の推古四（五九六）年に創建され、四国霊場の中で最も古い歴史がある。当時は「世坂寺」と称していた。

空海が唐から帰国後、伽藍を三年がかりで建立され、大日如来をご本尊として、唐から持ち帰った金剛界と胎蔵界の両界曼荼羅を安置された。母君の玉依御前の菩提寺とし、寺名も「曼荼羅寺」と改めた。鎌倉時代には、後堀河天皇から寺領を賜るほど栄えた。その後繰り返し兵火に遭い焼失したが、再興され今に至っている。

本堂のお参りをすませ、大師堂を拝観する。かつてはこの寺の奥の院だった「出釈迦寺奥の院」が見える。大師像を拝顔、光り輝いていた。

本堂の右側には観音堂、左側には護摩堂がある。

大師堂

　また、境内にはかつて、空海のお手植えとされる「笠松」が、枝を伸ばしていた。不老松（ふろうのまつ）ともいわれ、樹齢千二百年。菅笠（すげがさ）を二つあわせて伏せたような形で、参拝者の目を楽しませていた。だが、平成十四（二〇〇二）年、松くい虫による被害を受けて伐採されてしまった。枯れた不老松に刻んだ「笠松大師」が、小さなお堂に安置されている。昔を偲びながら不老長寿を祈願する。

　境内から幼き空海が仏の道を志して身を投げたと伝えられる、捨身ヶ嶽が見えた。

　山門に向かって一礼してお寺を後にする。十二時であった。

第七十三番札所　出釈迦寺（しゅっしゃかじ）

空海の出家の原点◆我拝師山（がはいしざん）　求聞持院（ぐもんじいん）
◆二〇二二年十月二十五日

曼荼羅寺から第七十三番出釈迦寺までは〇・六キロ。道路から山門を見上げると、六・五メートルもの背丈のある青銅の修行大師が迎えてくれている。

その背後には空海が真魚（まお）と呼ばれていた幼い頃、仏の道に入る覚悟で崖の上から身を投げたといわれる、標高四百八十一メートルの我拝師山がそびえている。この山は空海の出家の原点として、その生涯を語るときには必ず登場する重要な霊跡である。

出釈迦寺の狭い石段を上ると、参道沿いには寄進による石像や山頭火の句碑が並び、干（え）支（と）別本尊の石像が山門へと導く。わが干支の、子の本尊の前で軽く会釈をして山門に向かう。石段を十六段上ると山門がある。平成二十（二〇〇八）年春に改修されたので、まだ新しい。一礼した後境内に入ると、右に求聞持大師像がある。空海が虚空菩薩の真言を百万回唱えて求聞持法を納めたお姿とされる。「求聞持院」という院号は、この伝承に由来する。学業成就や物忘れにご利益があるという。その先に大師堂と本堂が建つ。まず本堂に

学業成就のご利益がある求聞持大師像

本堂

お参りする。空海作のご本尊の釈迦如来、脇仏に不動明王と虚空蔵菩薩が祀られている。

このお寺には空海の幼少期の伝説「捨身ヶ嶽縁起」がある。

空海が七歳のとき、倭斬濃山（わしのやま）（現・我拝師山）に登り、「仏門に入り、多くの人と衆生を救いたいのです。私の願いを叶えてもらえるのであれば釈迦如来様、どうぞお姿を現してください。もし、願いが叶わないなら私の命を仏に捧げます」と念じて、断崖から谷へと飛び降りた。すると紫色の雲が湧き上がり、釈迦如来と天女が現れて空海を抱きとめた。また、眉間から光明を放ちながら百宝の蓮華に座った釈迦如来牟尼仏世尊（むにぶつせそん）が現れて「大願成就」「一生成仏」の印を示された。お釈迦様との出会いが、後に出家して大成するきっかけになったといわれる。空海は成人後も再びこの山に登り、釈迦如来に出会えた霊験を記念して、自作の釈迦如来をご本尊としてお寺を建立し「出釈迦寺」と名づけられた。お寺は山上にあったが、三百年ほど前に山の麓の現在地に移された。元のお寺は「お大師様の大願成就のご霊跡」として大師信仰の重要な場所となっている。空海が建立した寺院は、現在はこの寺の奥の院となり「捨身ヶ嶽禅定（しゃしんがたけぜんじょう）」といわれている。

大師堂にお参りする。すだれ越しに大師像の鼻から下を拝顔できる。

本堂の左の石段を上がると地蔵堂がある。地蔵堂の先に奥の院遥拝所があり、奥の院のある我拝師山を望める。ここで念仏を唱えると、捨身ヶ嶽禅定に登ったのと同じご利益が

大師堂

捨身ヶ嶽禅定を
拝める奥の院遥拝所

あるといわれる。納経所でご朱印を頂きお寺を後にする。

午後十三時少し前、奥の院「捨身ヶ嶽禅定」にお参りに行くことにする。「禅定」とは心が動揺することがなくなった一定の状態を意味しており、行者が霊山に登り修行することをいう。今の私にとっては少し気恥ずかしいが、奥の院への遍路道に足を踏み入れる。

捨身ヶ嶽禅定は標高四百八十一メートルの我拝師山の中腹、標高四百三十九メートル地点に山門がある。ここから約一・四キロ、標高差は二百五十五メートル。ややきつい上り道である。世坂を過ぎると柳の水と書かれた石柱がある。幾度か折り返しの道を上ると、約三十分で「捨身ヶ嶽禅定」の山門に着く。

山門を過ぎるときれいな石畳の参道が続き、その先に根本御堂がある。大正九（一九二〇）年に麓の出釈迦寺に移されるまでは、ここが札所であった。立派なお堂である。残念なことに内部は拝観できなかった。

根本御堂の端に、お行場への入り口がある。ためらったが、少し体力が残っていそうなので鎖を頼りに登り始める。五十メートルほど登り、最終目的地の「捨身ヶ嶽のお行場」といわれる崖に着いた。ここから幼い日の空海が身を投げたといわれている。「捨身誓願之聖地」を拝観できたと思うと感無量である。稚児大師石像が鎮座されていた。空海が身を投じたといわれる断崖に向かって合掌し、般若心経を唱えて別れを告げた。

空海が身を投げた
捨身誓願之聖地

捨身ヶ嶽禅定の山門

鎖を頼りに崖を登る

第七十四番札所　甲山寺（こうやまじ）

うさぎがシンボルのうさぎ寺◆医王山（いおうざん）多宝院（たほういん）◆二〇二二年十月二十五日

捨身ヶ嶽禅定から出釈迦寺まで引き返すと、十四時になっていた。ここから第七十四番甲山寺までは二・二キロ。平坦な道なので四十分で到着。

ところが、甲山寺と書かれた門札はあるものの、山門がない。境内に入り、辺りを見回すと、すぐ前に中門があり、参道沿いの左側に山門があった。その山門まで行き、お寺の外に出て、改めて山門に一礼して境内に入る。

この山門は平成二十（二〇〇八）年に落慶。瓦葺きで切妻造り、四脚門である。

山門をくぐると正面に手洗舎があるが、新型コロナ対策なのか手水のための水はなかった。すぐそばでうさぎの石像が華やかな色紙を背にして、得意げに空を見上げている。

左に曲がると先ほどの中門がある。元の山門を中門として修築したものである。屋根のユーモラスなうさぎの飾り瓦は、江戸時代末期から始まったとされている。その瓦にはお寺の名前に由来する「甲」の文字が刻まれている。

本堂に履物を脱いでお参りする。厨子の扉が閉じられていて、ご本尊の薬師如来は拝顔できなかった。資料によると、檜の一木造りで、重厚な姿と力強く引き締まった表情が印象的だという。脇仏として安置されている月光菩薩が左手に持っている月の中に、うさぎが描かれている。そのため、このお寺は「うさぎ寺」とも呼ばれている。

このお寺には伝説が残されている。平安時代の初期、空海が善通寺と曼荼羅寺の間に寺を建てようと思い、霊地を探していた。すると甲山の麓の岩窟から老翁が現れ、「ここにお寺を建てれば私がいつまでもお守りしよう」と告げられた。その翁が毘沙門天の化身であると悟った空海は、自ら毘沙門天を刻み岩窟に安置して祀ったという。

中門の屋根瓦のうさぎ

大師堂

このお寺から十八キロほど離れた場所に、讃岐の国守・道守朝臣(みちもりあそん)が大宝年間（七〇一〜七〇四年）に、日本最大のため池「満濃池」を築造した。その後、何度も崩壊し、そのたびに復旧工事を行ってきた。しかし、技術不足や人手不足のために工事が進まず、嵯峨天皇の勅命を受けて、空海が満濃池の修築工事を監督する別当として任命された。

空海はこの難工事が無事に完了するように岩窟で祈願し、薬師如来を刻み修法した。すると数万人の人々が集まり、三ヵ月で無事に修築できた。背後の甲山の形が毘沙門天の甲冑に似ていたことから「甲山寺」と名づけられた。

長曾我部元親による天正年間の兵火によって焼失したが、享保二十（一七三五）年に本

お堂と岩窟が一体となった毘沙門天堂

堂が、寛保二（一七四二）年には大師堂が再建された。

本堂と大師堂の間に「願かけ不動尊」が、その横の十一段の階段を上ったところに「子安地蔵」が安置されている。子安地蔵は子宝祈願の地蔵尊で、子宝を願って地蔵の前掛けを持ち帰り、願いが叶うと新しい前掛けを持ってくる習わしがある。大師堂は瓦葺きで宝形造りである。欄干の彫刻がすばらしい。大師像は拝顔できないが、黒衣をまとっているという。平成二十六（二〇一四）年と令和二（二〇二〇）年にご開帳された。

空海が刻んだとされる毘沙門天を祀る毘沙門天堂は、お堂と岩窟が一体となっている。

最後に納経所でご朱印を頂き、山門に一礼する。十五時二十分、お寺を後にした。

第七十五番札所　善通寺

空海生誕の地に建つ広大な寺院◆五岳山誕生院◆二〇二二年十月二十六日

昨日は善通寺の下調べをした。甲山寺から第七十五番善通寺まで一・六キロ。市街地の中の道路なので迷うこともなく歩け、五十分ほどで善通寺に到着。しかし、広大な境内を拝観するには時間が足りない。とりあえず予約したホテルに行くと、十六時になっていた。部屋に荷物を置き、頭陀袋とカメラだけを持って再び善通寺に出かける。東院の南大門と五重塔が夕日に映え、これまでお参りしたお寺とは異なり、寺院と表現したくなる。

境内は四万五千平方メートルもの広さを誇るだけあって、大勢の参拝者がいる。以前にお参りしたとき、雨をしのぐために、五重塔の前で雨宿りをしたことを思い出す。あのときは納経をすませると、境内を拝観することもなく、次の金倉寺に向かった。後で、このお寺が弘法大師三大霊場の一つと位置づけられていたのを知り、悔やんだものだ。

朝六時にホテルを出る。十分ほどで昨日訪れた善通寺の南大門に着いた。朝日を浴びる

堂々とした南大門

青空にそびえる五重塔

五重塔に見とれながら南大門に向かって一礼。弘法大師誕生のお寺のお参りを始める。

　このお寺は、「伽藍」ともいわれる「東院」と、「誕生院」といわれる「西院」とに分かれている。「東院」には本堂の金堂や五重塔などが建ち並び、「西院」は空海が誕生した佐伯家の邸宅跡である。

　東院の境内に入るには、赤門、南大門、中門と三つの門がある。今回は南大門から境内に入る。南大門は単に大門ともいわれ、日露戦争の戦勝を記念して明治四十一（一九〇八）年頃に再建された。屋根の四隅には四天王像がいる。左から龍、迦陵頻伽（かりょうびんが）二体、鳳凰となっている。

　東院でまず目を奪われるのは五重塔である。空海によって創建されたと伝えられているが、何度か火災に遭っている。現在の塔は弘化二（一八四五）年に仁孝天皇のご意向で再建が始まり、明治三十五（一九〇二）年に四代目の五重塔として完成したものである。

　石の高欄を巡らせた高さ一メートルの基壇の上に、高さ四十三メートルの五層の総檜造りの塔が建てられている。五層目に大日如来を安置し、一層目の周りの柱には五智如来のうちの四体が安置されている。

　毎年五月のゴールデンウィークには、二層目まで一般の参拝者も入れ、四如来を拝観できる。二層目からは境内が見渡せる。

釈迦堂

また、南大門から入って左手に、高さ三十メートルの大楠と高さ四十メートルの五社明神大楠の二本の巨木がある。県の天然記念物に指定されている。

鐘楼は江戸時代末期に再建されたもの。袴腰型で、梵鐘は昭和三十三（一九五八）年に造られた。一般の人は撞けない。

鐘楼の右に赤門と釈迦堂がある。塀に沿って、足利尊利生誕塔と法然上人逆修塔がある。

釈迦堂は延宝年間（一六七三〜一六八一）年に再建された。江戸時代に作られた釈迦如来坐像を拝顔できる。このお堂は元は御影堂だったが、天保二（一八三一）年、西院に御影堂が新築されたので、釈迦堂として残された。

再び参道を引き返し、金堂といわれる本堂

にお参りする。

　創建当時の本堂は、永禄元（一五五八）年の兵火で、空海作といわれるご本尊とともに焼失。元禄十二（一六九九）年に再建された。創建当時の礎石が基壇の石組に、五角形の石として埋め込まれている。

　ご本尊の薬師如来坐像を拝顔する。四国最大といわれるこの薬師如来坐像は、元禄十三（一七〇〇）年、仏師・北川運長によって造られた。元のご本尊の焼け残りが胸に納められている。檜寄木造りで漆箔、玉眼。像の高さ約三メートルの金色の丈六仏である。国の重要文化財に指定されている。

　善通寺は、空海の生誕地とされている。空海の父・佐伯田公（さえきのたぎみ）は地元の豪族で、多度郡（たどぐん）の郡司であった。『多度郡屏風浦善通寺之記』

金堂と呼ばれる本堂

によると、善通寺は佐伯田公から土地の寄進を受けて、大同二（八〇七）年に建立を始め、弘仁四（八一三）年に落慶した。

金堂といわれる本堂は、空海の唐での師である恵果和尚が住んでいた、長安の青龍寺を模して造られたという。創建当初は金堂や大塔、講堂など十五の堂宇があったという。

寺号の「善通寺」は、父の忌み名である佐伯善通に由来している。

善通寺は、京都の東寺、和歌山の高野山とともに、空海三大霊跡の一つとして古くから信仰されてきた。鎌倉時代に佐伯家の邸宅跡に「誕生院」が建立され、江戸時代までは、善通寺と誕生院は、それぞれに住職がいる別々の寺院であったが、明治初年に統合され、善通寺として単一のお寺となった。今は真言宗善通寺派総本山という名刹である。

本堂のお参りをすませ、誕生院にお参りするために中門へ向かう。途中には佐伯祖廟、龍王社、経蔵。塀沿いに信者が奉納した五百羅漢、五社明神、三帝御廟などがある。

中門を出て廿日（はっか）橋を渡り、仁王門をくぐると西院の境内となる。仁王門から、御影堂ともいわれる大師堂まで回廊が続いている。この回廊は大正四（一九一五）年に建立されたものである。長さは二十七メートル。十二支の動物と鳳凰の彫り物、空海の生涯を表した十七枚の絵画がある。左手に御影池（みかげのいけ）がある。空海が唐に渡るときに、我が身を映して自画像を描き、母に贈ったといわれる池である。

大師堂でもある御影堂にお参りする。天保二（一八三一）年に建立され、昭和十二（一九三七）年に改修工事が行われている。ここが「弘法大師御誕生所」とされている。ご本尊の瞬目（ひきめ）大師画像は秘仏で、五十年に一度ご開帳される。

　御影堂の地下に「戒壇廻り」がある。左手で壁の感触を確かめながら「南無大師遍照金剛」と唱えながら歩く。すると弘法大師の御声が聞こえてくる。この声は、肖像画などの骨格から、日本音響研究所が科学的に再現した声という。その声を聞きながら自己を見つめ直す、精神修行の場所でもある。真ん中辺りまで来ると、ほのかな明かりの中で、金剛界大日如来をはじめ仏像が迎えてくれる。ここは、母君・玉依御前の居間といわれる場所の真下にあたる。

　御影堂の戒壇廻りを終えて宝物館に向かう。途中に産湯井（うぶゆい）がある。空海が誕生したときに使われた産湯の井戸といわれている。

　宝物館には、吉祥天像や地蔵菩薩立像、国宝の一字一仏法華経などが展示されていた。「一字一仏法華経序品」は、一字一字を空海が書写し、母君の玉依御前が仏様を描いたと伝えられている。

　その他、親鸞堂や護摩堂、閻魔堂、光明殿、ほやけ地蔵堂など多くのお堂や石仏を拝観し、南大門に引き返すと九時であった。その門に一礼し、善通寺に別れを告げた。

空海の生誕地、御影堂

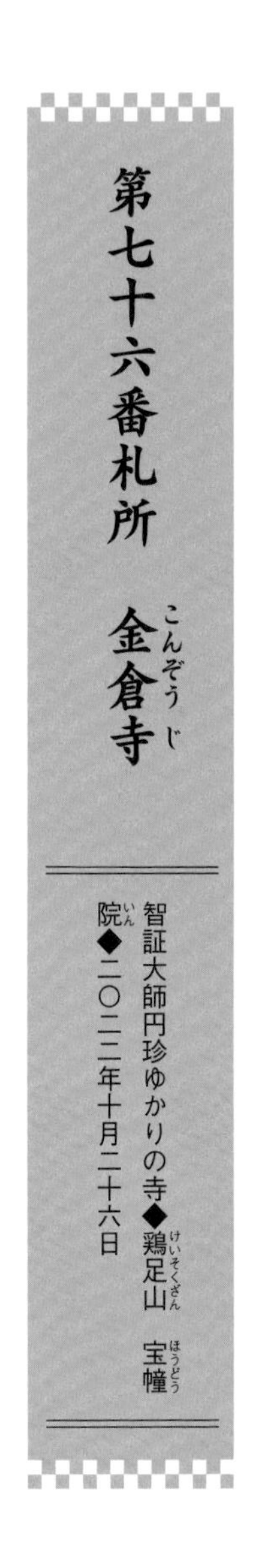

第七十六番札所　金倉寺（こんぞうじ）

智証大師円珍ゆかりの寺◆鶏足山（けいそくざん）　宝幢院（ほうどういん）◆二〇二二年十月二十六日

善通寺から第七十六番金倉寺まで三・八キロ。平坦な道なので歩いても一時間ほどで着けそうだが、無理をする必要はない。ＪＲ善通寺駅から列車を利用することにする。

とりあえずホテルに荷物を取りに行き、そのまま善通寺駅に向かう。土讃線の上り各駅停車九時十分発の列車に乗り、次の金蔵寺駅に九時十三分に着く。改札口を出ると駅のすぐ横の踏切を渡り、そのまま北東方向へ直進。十分ほどで道路沿いにある金倉寺に着いた。

金倉寺の山門の道路を挟んだ反対側に、古い遍路石がある。「明治二十四年十一月吉日」「真如乃月かがやくや法の道」と読み取れる。明治時代から大正時代にかけて八十八ヵ所を二百八十回も巡拝し、各地に遍路石を建てた中務茂兵衛のものである。道路工事などで失われ、今では残り少ない貴重な標石である。

仁王門の仁王様に一礼して、広大な境内に足を踏み入れる。まず目に入るのはユニークな形に枝を広げている大楠である。そのうちの一枝は剪定作業を行っていた。

参道を挟んで鐘楼がある。境内に点在する七福神の石仏をなでながら、本堂に向かった。

本堂は平安時代に開創され、鎌倉時代の面影を残すといわれる湖東三山西明寺を参考にして、昭和五十八（一九八三）年に再建された。ご本尊の薬師如来の他、不動明王、阿弥陀如来が安置されている。

本堂拝殿のすぐ横には、金箔が施された大黒天が祀られていた。七福神の一人で、もともとは他の七福神のように石仏だったが、おみくじについている小さな金箔を、願いを込めて貼るとご利益があるというので、たくさんの人が貼りつけて、今では全身が金色に輝いている。

このお寺は、空海の甥、後に天台寺門宗の開祖・智証大師となった円珍の生誕地である。

ユニークな形の大楠

そのため、大師堂には弘法大師とともに智証大師が祀られている。

このお寺は空海が生まれた宝亀五（七七四）年に、智証大師の祖父である和気道善が如意輪観音を祀ってお堂を建てたのが始まりとされる。弘仁五（八一四）年、このお寺に円珍が誕生する。子どもの頃は「日童丸」と呼ばれ、たいそう賢いと評判だったという。五歳のときに天女が現れ「あなたは虚空蔵菩薩の仮の姿、将来仏道に入るなら私が守る」と告げられた。実はこの天女は後に仏になったとされる訶利帝母（かりていも）、別の名は鬼子母神（きしぼじん）であった。

こうして訶利帝母に見守られて育った円珍は修行を重ね、仏法を広めることに精進した。成長して唐に渡り、天安二（八五八）年に帰国する。そして、故郷のこの寺を訪れ、長安の青龍寺を参考にした伽藍を造営、薬師如来を彫像してご本尊とした。

その後、貞観十（八六八）年に比叡山延暦寺の第五代天台座主となった。七十八歳で入滅され、諡号（しごう）として「智証大師」が贈られた。廃れた時代もあったが、慶安四（一六五一）年、智証大師御影堂をはじめ、諸堂や客殿、庫裏まで再建されて現在に至っている。

訶利帝堂には、円珍が五歳のときに現れた、訶利帝母（鬼子母神）が祀られている。地元では「おかるてんさん」とも呼ばれて、子授け、安産にご利益があるとされる。

石段を降りたところに、祖師堂ともいわれる大師堂がある。中央に智証大師の像、右脇陣に弘法大師像、左脇陣に役行者である神変大菩薩（しんぺんだい）が安置されている。四国霊場の中で、

智証大師を中央に祀る大師堂

大師堂に弘法大師以外の大師が中央に祀られているのは、このお寺だけである。

この他、ぐち聞きわらべや入山大師像、大聖歓喜堂、水子地蔵、弁財天などがある、また、明治三十一（一八九八）年から二年半ほど、乃木将軍が善通寺第十一師団長として赴任され、金倉寺に滞在された。そのため、境内には乃木将軍ゆかりのものが多数ある。銅像や乃木将軍遺品展示室もある。

最後に納経所でご朱印を頂く。十時三十分にお寺を後にし、ＪＲ金蔵寺駅へと引き返す。

第七十七番札所　道隆寺（どうりゅうじ）

眼病平癒の信仰を集める◆桑多山（そうたざん）　明王院（みょうおういん）◆二〇二二年十月二十六日

金倉寺から第七十七番道隆寺まで三・九キロ、歩けば一時間ほどである。しかし、疲れがたまっているので、JR金蔵寺駅から列車を利用して多度津駅まで行き、そこから道隆寺まで歩くことにする。その距離は約一・二キロ。三十分ぐらいで着けるだろう。

JR金蔵寺駅十一時発の列車に乗り込み、次の多度津駅に十一時四分に着く。方角を間違え、少し手間取ったが、なんとか山門にたどり着いた、

この山門は四国八十八ヵ寺の中でも有数の大きさを誇る。瓦葺きで入母屋造りの八脚門。扁額には山号の「桑多山」と書かれ、背後には大きな草鞋が安置されている。

仁王様の許しを得て境内に入らせてもらう。参道沿いに全国ゆかりの二百五十五体のブロンズの観音像がずらりと並んで、出迎えてくれる。これらの観音様を参拝するとご利益があるといわれている。

厄除け観音の背後に手水舎がある。その奥に本堂があり、入り口には「おびんずるさ

ま」が鎮座されている。真っ赤なお姿で、自分の体の悪い部位と同じ場所をなでると、その病気が治るといわれている。釈迦の十六人の直弟子（十六羅漢）の一人である。自らも千人の弟子を育てたといわれる。

本堂は瓦葺き、入母屋造りである。ご本尊の薬師如来は秘仏で拝顔できないが、脇仏の日光・月光菩薩と四天王立像は拝観できる。ご本尊のご開帳は五十年に一度である。拝殿には、煩悩という敵と戦うための法具である五鈷杵（ごこしょ）が備えてあった。

このお寺の周り一帯は、奈良時代には桑畑が広がり、絹の生産地だったという。これが「桑多山」という山号の由来である。

寺伝によると、和銅五（七一二）年頃、この地方の領主・和気道隆（わけのみちたか）が、夜ごとに光を放

四国霊場有数の大きな山門

つ大きな桑の木を怪しみ、矢を射かけたところ、誤って乳母に当たり死んでしまった。悲しんだ道隆がこの桑を切り、薬師如来を刻んで草庵を建てて安置したのが始まりとされる。大同二（八〇七）年、道隆の子・朝祐が、唐から帰国した空海に頼み込み、薬師如来を彫像してもらい、その胎内に道隆の刻んだ像を納めてご本尊とした。そのため、一体の像の中にもう一体の像があることになり、「腹ごもり薬師」とか「二体薬師」ともいわれる。

　朝祐は空海から受戒を受けて第二世住職となり、七堂伽藍を建立。父の名を取り「道隆寺」と号した。その後、智証大師など、名高い僧が次々に寺を引き継ぎ大いに栄えた。大地震や戦国時代の兵火によって廃れた時期もあったが、再興を果たし今に至っている。本堂の右手にある大師堂にお参りする。瓦葺き、宝形造り、寛永七（一六三〇）年の建立。大師堂の前には、ひざまずいて大師に懇願している、遍路の開祖・衛門三郎の像がある。石手寺や、焼山寺の麓にある杖杉庵では石像だったが、ここでは銅像である。なぜこの像があるのか由来は不明である。また、多宝塔や寿老人も見どころの一つである。寿老人はなでると、健康と長寿を授けてもらえる。そのせいかお顔が少し汚れて見える。

　本堂の裏手には潜徳院殿堂がある。江戸時代後期の丸亀・京極藩の典医「京極左馬造」が祀られている。左馬造は幼い頃は目が不自由だったが、道隆寺のご本尊の薬師如来に祈願すると全快し、後に眼病の名医と呼ばれた。このお堂に眼病平癒を祈願する参拝

1630年建立の大師堂

者は多く、「目なおし薬師様」として信仰を集めている。

納経所で目のお札を授けてもらえる。半紙や納め札に年の数だけ「め」の文字を書いて奉納する。私は左目が緑内障のため治癒を祈願するつもりでいたが、八十六個もの「め」の字を書くための半紙がなく、後日、記入して郵送することにした。

その他、加茂稲荷大明神やもどり観音、愚痴きき地蔵、開祖御廟などを拝観し、一時間ほどでお参りをすませた。納経所で御朱印を頂き、山門に一礼して、お寺を後にする。

第七十八番札所　郷照寺（ごうしょうじ）

真言宗と時宗の二つの宗派を奉持する◆仏光山（ぶっこうざん）　広徳院（こうとくいん）◆二〇二二年十月二十六日

道隆寺を十三時に出る。次の郷照寺まで七・二キロ。二時間ほどはかかりそうだ。そこでJR多度津駅へ引き返す。十四時一分発の列車で宇多津駅に向かう。十分ほどで到着。通りがかりの人に道を尋ねながら山門に着いたときには、十四時半になっていた。

山門には仁王様はいなかった。くぐって境内に入ると、参道沿いに手入れの行き届いた植栽が続いている。その中で観音像が出迎えてくれた。手を合わせて一礼する。

左側の石段を上ると、左手に鐘楼堂と手水舎があった。お寺が高台にあるため、この辺りからの眺望はすばらしい。はるかに瀬戸大橋と瀬戸内海が望める。

数段の石段を上ると左に納経所、向かいに庚申堂がある。庚申堂は「庚申信仰」を伝えるお堂で、ご本尊の六本の手を持つ青面金剛（しょうめんこんごう）が祀られ、病魔を除く霊験があるとされる。

続いて本堂にお参りする。本堂は江戸初期に再建されたもので、二層の屋根が印象的である。これは東大寺や奈良の寺院によく見られる奈良様式といわれるもので、四国霊場で

二層の屋根が目を引く本堂

本堂の天井絵

は珍しい。花鳥風月を描いた天井絵がすばらしく、一見の価値がある。ご本尊は阿弥陀如来坐像で檜材寄木造り。県指定有形文化財となっている。

寺伝によるとこのお寺は、神亀二（七二五）年に、行基が阿弥陀如来を刻み、それをご本尊として「仏光山道場寺」の名で開基した。大同二（八〇七）年に空海がこの地を訪れ、仏法に縁のある土地だと感じ、空海自身の像を刻んで魔厄除けの誓願をされた。この大師像は「厄除うたづ大師」として広く信仰されるようになった。

その後も相次いで高僧が訪れ、この寺で修行された。正応元（一二八八）年には、「時宗」の開祖・一遍上人がこの地に逗留して、堂宇を修復して踊り念仏の道場を開いた。こうして、真言宗と時宗の二つの宗派がこのお寺に伝わることとなった。

寺は栄えたが、長曾我部元親による天正の兵火で焼失。寛文四（一六六四）年に高松藩主・松平頼重により再興された。このとき、一遍上人を偲んで時宗も奉持し、寺の名前も郷照寺と改めたとされる。

本堂脇の石段を上ると大師堂がある。天井絵は本堂の天井絵と一体となっている。多くの参拝者が厄除けの祈願をする。

大師堂の左前から地下に入ると、万体観音堂がある。ご本尊の聖観音菩薩を中心に、信者から奉納された一万体以上の黄金の小さな観音様が安置されている。その光景を眺めて

黄金の観音様が安置されている万体観音堂

いると、無限の広がりを感じる。この地下は、別名「地下幽玄郷」ともいわれている。

境内には池を配した美しい庭園もある。高松藩主・松平家によって造られた客殿の観海楼から眺められるようになっている。以前、訪れたときは春の芽吹きの季節で、瑞々しい光景が目を楽しませてくれた。

その他、常盤明神祠には、このお寺を必死に守って神様になった狸、常盤明神が祀られている。本堂の前にあるぽっくりさまは、お参りすると亡くなるまで幸せな人生が送れるといわれている。なで仏様は「お身体をおさすりください」と書かれており、病気平癒に効果がある。

最後に納経所に寄り、ご朱印を頂き、十五時過ぎにお寺を後にする。

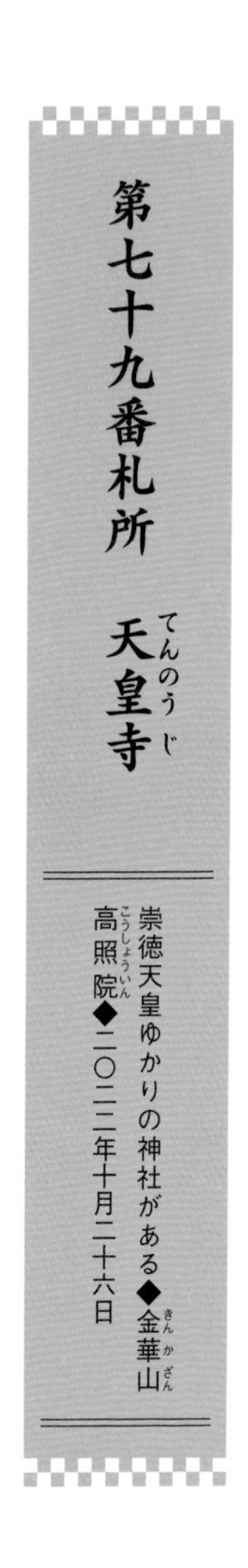

第七十九番札所　天皇寺（てんのうじ）

崇徳天皇ゆかりの神社がある◆金華山（きんかざん）高照院（こうしょういん）◆二〇二二年十月二十六日

郷照寺から第七十九番天皇寺まで約六キロ。平坦な道だが歩けば二時間ほどはかかりそうだ。疲れを考慮して列車で移動することにする。来たときと同じ道を引き返し、ＪＲ宇多津駅に着いたのは十五時半であった。

予約している丸亀市のホテルに行くのは少し時間が早い。十五時四十分発の高松駅行きの普通列車があったので、天皇寺の境内の様子だけでもと思い、その列車に乗車した。十五時五十六分に八十場（やそば）駅に到着。

駅からお寺までは約四百メートル。駅前の広い道を二百メートルほど行くと、広い道に突き当たり、その道を右に五分ぐらい歩くと、目の前に赤い鳥居が見えた。通りがかった人に「天皇寺はどこですか」と問うと、怪訝な顔つきで「あの鳥居のあるところです」と言う。背後にはこのお寺と縁の深い金山がそびえている。

このお寺には山門はなく、朱色の鳥居がある。左右に脇鳥居を持つ三輪（みわ）鳥居という様式である。てっぺんの笠木の上には瓦が積まれ、立派な作りである。中央の扁額には「崇徳天皇」と書かれ、柱には「享保十九（一七三四）年」の文字も見える。

その右側には大きな天皇寺の石碑があった。また鳥居に向かって左側には源頼朝の寄進による下乗石がある。どのような高貴な人でも、ここからは乗り物を降りなければならない。鳥居をくぐると、正面奥に崇徳天皇を祀る白峰宮がある。広大な敷地の中を参道が白峰宮に向かって延びている。

三輪鳥居から塀沿いに北に下る坂は「衛士坊の坂」と呼ばれ、当地に幽閉されていた崇徳上皇を監視するために、国府の衛士が毎日この坂道を通っていたという。

格式の高い朱色の鳥居

「金剛界説法」の扁額がある本堂正面

「胎蔵界説法」の扁額がある本堂背後

参道の左側に本堂と大師堂が「く」の字型に並んでいる。まずは本堂にお参りする。本堂の正面には「金剛界説法」、本堂背後には「胎蔵界説法」の扁額がある。両面を参拝するのが通例となっている。ご本尊は十一面観世音菩薩で、その中に空海作の十一面観音の胎内仏が納められているともいわれている。

寺伝によると、天平年間（七二九～七四九年）にこの地を訪れた行基は、鉱石が多く産出されるこの山をカナヤマビメとカナヤマヒコが鎮座する山であるとして、金山と名付けられた。そして、この山の中腹に、薬師如来を安置され開創した。弘仁年間に空海がこの地を訪れたとき、金山の中腹の泉から湧き出る水が霊水であると悟り、十一面観音菩薩、阿弥陀如来、愛染明王を刻み、荒廃したお堂を現在地に移して、金華山妙成就寺摩尼珠院（みょうじょうじゅじまにしゅいん）と名付け、お寺は栄えた。その後、崇徳上皇が保元の乱（一一五六年）で敗れて讃岐国に流され、六年間余りこの地に幽閉され、長寛二（一一六四）年に崩御された。その亡骸が茶毘に付されるまで霊水で清め続けたところ、亡くなって三週間過ぎても、上皇のお顔はまるで生きているようであったといわれている。

その後、崇徳上皇の霊を慰めるため、ここに崇徳天皇社を建立し、寺は別当寺となり、名前も天皇寺に改められた。明治天皇の宣旨により、崇徳院御霊は京都に戻され、崇徳天皇社は白峰宮と改名された。

本堂に続いて大師堂にお参りする。信者が奉納した写経が床一面に貼られていて、近づいて拝観できなかった。地蔵堂を拝観し、赤門をくぐり、納経所でご朱印を頂く。すでに時刻は十六時五十分になっている。明日早い時間に再びこのお寺を訪ねることにする。

十月二十七日、丸亀駅七時三十七分発の列車に乗車。八十場駅に七時四十一分に着く。天皇寺に向かい、お寺のお参りは昨日すませたので白峰宮にお参りをする。

赤い鳥居から続く参道を奥へと進む。狛犬が控えている。これは嘉永四（一八五一）年に建立されたものである。奉納された境内の馬の像にも、菊のご紋が入っている。

拝殿や本殿、摩尼珠院大師堂を参拝する。ご神木の楠は樹齢約五百年という。

この白峰宮の西に「八十場の霊水」がある。白峰宮の本殿の右側を抜けると舗装された道に出る。かつて社殿があったらしい跡地の道沿いに二百メートルほど行くと、古い地蔵堂があり、その横に八十場の霊水がある。

説明文には「八十場の水」として「この泉はいかなる旱天にも涸れることはなく、今も清冽に流れている。その由来は昔八十八人の兵士が悪魚の毒に当てられて倒れたときに、横潮明神がこの『八十場の水』を飲ませて全員が息を吹き返した」とある。

すぐそばに「崇徳天皇御殯殮（ごひんれん）御遺跡碑」と書かれた石碑がある。崇徳上皇のご遺体を腐敗から守った霊水でもある。

白峰宮拝殿

こんこんと湧き続ける八十場の霊水

第六十八番札所　神恵院（じんねいん）

四国霊場唯一の一山二霊場◆七宝山（しっぽうざん）◆二〇二二年十月二十七日

十月二十四日に時間の都合でお参りができなかった六十八番神恵院と六十九番観音寺（かんのんじ）へ向かう。この二寺は同じ境内にある。予讃線八十場駅から観音寺駅までＪＲで移動した。観音寺駅から神恵院、観音寺まで、約一・六キロ、歩いて三十分ほどである。

駅を出てビルなどが建ち並ぶ市街地を西の方角に歩き、財田川に架かる橋を渡る。ほどなく道を曲がると古い家並みが続き、その突き当たりに石段があり、山門が見える。山門から振り返ってみると、昔ながらの門前町といった風情を感じる。山門は神恵院と観音寺、共通の仁王門である。

仁王像の鋭い眼光に魅せられながら、一礼して境内に入る。

山門の左側に、「沓音天神祠（くつおと）」という小さな社がある。一夜庵主だった俳諧の祖・山崎宗鑑が尊崇していたといわれる。名前の由来は「ある夜のこと、誰か庵を訪ねてきた気配がしたが、歩く沓の音が聞こえるだけで姿が見えない。後を追うと、この社の前で消えた」という伝説による。

神恵院と観音寺は、琴弾（ことひき）公園内の琴弾山の中腹にある。二つの札所が同じ境内にある珍しい霊場である。古くからわが国には神仏習合の寺院が多く、神様と仏様を同時に祀るのが普通であったため、江戸時代までは「琴弾八幡宮」という名前の札所だった。

明治時代になり、神仏分離により六十八番札所「神恵院」は境内の現在の場所に移され、六十九番観音寺はそのまま残された。そのため四国霊場で唯一、同じ山名の「七宝山」が付く一山二霊場となっている。

仁王門をくぐって少し歩き、石段を上ると鐘楼がある。その天井裏には雲型の細かな彫刻が施されている。

石段の上に見える山門

神恵院の大師堂と観音寺の大師堂が並び、その間の参道を入ると、コンクリート打ちっぱなしの異様な四角い建物がある。これが六十八番神恵院の本堂である。

この本堂は平成十四（二〇〇二）年に新しく建立されたもので、コンクリートと白木を組み合わせた近代的な建物である。階段を上ると、装飾のあるお堂の前のスペースに出る。天井には「天蓋の天女」と名付けられたシャンデリアがある。通り抜けると和風の格子戸がある。

本堂では中央に鎮座されている阿弥陀如来像を拝観できる。左脇陣は阿弥陀如来立像、右は地蔵菩薩である。

このお寺は、奈良仏教系、法相宗（ほっそうしゅう）の日証上人が開設したといわれている。

伝承によると、大宝三（七〇三）年に上人が琴弾山で修行をしていたところ、海に舟を浮かべて琴を弾く老人を見かけた。この老人が八幡大明神であることを知った上人は、宇佐八幡宮のお告げを受けて、その琴と舟を琴弾山の上に引き上げ、「琴弾八幡宮」を建てた。これがお寺の起源とされている。

その後養老六（七二二）年に行基が、大同二（八〇七）年には空海が訪れて、琴弾八幡宮の本地仏（ほんじぶつ）である阿弥陀如来を描いてご本尊として安置した。

明治初年の神仏分離令によって「琴弾八幡宮」は「琴弾神社」と「神恵院」に分離され、

モダンな本堂

神恵院は麓の観音寺境内に移転する。同時に八幡宮に安置されていた阿弥陀如来像も西金(さいこん)堂(どう)に移されたため、西金堂が神恵院本堂となった。二〇〇二年に現本堂が新設され、阿弥陀如来をご本尊として祀り、元本堂は薬師堂となったという。

続いて大師堂にお参りし、大師像を拝顔する。楠の巨木があり、その横の階段を上ったところに、神恵院の元本堂であり西金堂であった薬師堂がある。ご本尊は大きな薬師如来坐像である。右脇には胎蔵大日如来坐像が鎮座している。

その他の見どころとして、心経殿や経塚堂、回遊式庭園である巍巍園(ぎぎえん)などがある。

第六十九番札所　観音寺（かんのんじ）

最古の落書きがある本堂◆七宝山（しっぽうざん）◆二〇二二年十月二十七日

神恵院と観音寺は同じ境内にある。とりあえず、神恵院の元本堂だった薬師堂の石段を下ったところから、六十九番観音寺として紹介する。

石段を下ると五智如来石仏が並ぶ。手を合わせお参りをすませてから、左手にある観音寺の本堂に向かう。五智如来の石像と愛染堂との間に大楠が青々とした葉を茂らせている。樹高十五メートル、目の高さの幹周りは六・六メートル。推定樹齢千年といわれている。

この楠の北側に朱塗りの本堂があり、金堂とも呼ばれる。寄棟造り、本瓦葺きで、室町時代の大永五（一五二五）年に源氏信の寄進を受けて再建されたもの。昭和三十六（一九六一）年にも解体修理されている。「観音寺金堂」として国の重要文化財に指定されている。

ご本尊は聖観世音菩薩と呼ばれる木造大日如来像で、秘仏である。胎蔵大日如来と聖観音とが一体となっているお姿だといわれている。

本堂の内部には、「常州下妻庄……貞和三年……」などと南北朝時代の貞和（じょうわ）三（一三四

樹齢1000年と推定される大楠

朱塗りの本堂

愛染堂

七）年に書かれた最古の落書きがあり、貴重な遍路文化の資料とされている。

創建の時期もお寺に伝わる歴史も、神恵院と同じである。空海が訪れ、第七代住職となったといわれる。空海は琴弾山の中腹に奈良の興福寺にならって、中金堂に聖観音菩薩像を刻んでご本尊とし、西金堂や東金堂など、七堂伽藍を整備した。さらにこの地に仏塔を建て、瑠璃・珊瑚・瑪瑙などの七宝を埋めて地鎮したことから、寺名を「七宝山観音寺」として、改めて霊場に定められた。

桓武天皇をはじめ歴代の天皇の勅願所となり、隆盛を誇った。

大師堂と愛染堂が並んで建っている。愛染堂は平成二十九（二〇一七）年に修復され、愛染明王の開眼法要が行われた。大師堂では、

朱塗りの大師堂

大師像を拝顔できる。

　このお寺には多くの寺宝があり、大半は境内の宝物館に収められている。木造釈迦涅槃(ねはん)仏像は藤原時代末期の作とされ、檜寄木造りで像長七十四センチ、像高十八センチ。中世にまでさかのぼる彫像の涅槃仏は珍しいとされる。国の重要文化財にも指定されている。

　この他、本堂から薬師堂にかけて配置されている西国三十三札所の写し石仏や、弥勒菩薩が祀られている開山堂などを拝観し、神恵院と観音寺のご朱印を一緒に頂いた。

　ＪＲ観音寺駅で、コンビニで買ったサンドイッチで昼食をすませ、予讃線の下り列車で松山の我が家へ向かう。

　これで今回の遍路旅を終える。残りのお寺は春遍路でお参りすることになりそうだ。

第八十番札所　國分寺

聖武天皇勅願の讃岐國分寺を引き継ぐ◆白牛山　千手院◆二〇二三年三月二十七日

昨年の秋、観音寺にお参りして五ヵ月が過ぎ、最後の遍路旅に出ることにした。

まだ夜が明けきらない町並みを眺めながら歩き、ＪＲ松山駅五時五分発、高松駅行きの特急列車に乗車。自由席には私を含めて四人。コンビニで朝食用に買ったパンケーキとコーヒーを車内で食べる。坂出駅で各駅停車に乗り換え、第八十番國分寺に近い国分駅に七時四十四分に着いた。

無人のプラットホームに出ると、遍路衣装を身に付けた女性が同じ列車から降りてくるのを見かけた。その女性にどちらの方角に行けばいいか確かめてから、歩き始めた。五分ほど歩くとお寺の松並木が見えた。手入れの行き届いた松が、仁王門へと延びている。子ども連れの遍路姿の家族が仁王門を入っていく。車を利用してお参りをしているのだろう。

仁王門は鎌倉時代の建立と考えられている。仁王像は、運慶の子の湛慶の作といわれる。

仁王門から本堂に続く参道沿いは松並木になっており、その背後には四国八十八ヵ所のご

風格のある仁王門

参道の松並木

本尊の石像が並ぶ。近隣の里山にあったものを、昭和初期に境内へ移転したものである。

参道を進むと左に閻魔堂があり、右に鐘楼がある。この鐘楼の銅製の梵鐘は無記銘だが、このお寺が創建された奈良時代に鋳造されたもの、と推定されている。四国最古のものとされ、国の重要文化財に指定されている。

古い歴史を持つ鐘だけに、次のような言い伝えがある。

昔、今の塩江町には大蛇が住んでいて住民を苦しめていた。そこで弓矢の名人の別次八郎がこのお寺の千手観音に「一矢当たれば千矢の霊験あれ」と祈願して、大蛇を見事に退治した。ところがこの大蛇は鐘をかぶっていた。竜神のお告げによって、鐘はこのお寺に奉納されることになったという。

さらにこんな実話も伝えられている。

江戸時代のはじめ、高松藩主・生駒一正(いこまかずまさ)がこの鐘の音があまりにも美しいので「高松城の朝夕の時を告げる鐘に」と田んぼを寄進して手に入れた。ところがお城に着いたとたんに鐘が鳴らなくなり、おまけに城下に悪い病気が流行り始め、藩主の一正も病に倒れた。その枕元には毎夜のように鐘が現れ、「元の國分へいぬ(帰りたい)」と泣く。これは鐘のたたりに違いないと恐れ、鐘を國分寺に帰した。すると悪い病気は治まり、鐘もまた美しい音色を奏でるようになった。この話は寺の証文として現在も残されている。

鐘楼。梵鐘は四国霊場最古

この梵鐘の背後には大日如来堂がある。安永七（一七七八）年に大師堂として建てられたものという。

またこのお寺には、天平時代の讃岐國分寺の遺構が多く残されている。本堂の手前にある石は讃岐國分寺金堂の礎石である。三十三個がほぼ元の位置にあり、これに従って金堂を復元すると、東西に二十八メートル、南北に十四メートルの建物になる。その建物の大きさは奈良の唐招提寺の金堂に等しい。

千体地蔵堂の前にも建物の礎石が十五個ある。これは七重塔の跡で高さ六十三メートル、一辺が十メートルの塔があったと推定されている。

本堂にお参りする。本堂は鎌倉時代中期に再建されたと推定されている。創建当時はここに講堂があったと考えられ、その礎石を利用して建てられている。九間（十六・三八メートル）四方で廻縁を入れると十一間四方の規模の建物である。前面と背後に桟唐戸（さんからど）があり、単層入母屋造りとなっている。

本堂内陣の須弥壇（しゅみ）上の厨子内には、ご本尊の十一面千手観音菩薩立像が安置されている。腕を除く本体は欅の一本から彫り出されている。高さは丈六（約四・八メートル）とされるが、実測では五・七メートルで、木の仏像としては四国霊場最大とされる。秘仏で、ご開帳は六十年に一度。国の重要文化財に指定されている。前立仏の千手観音、不動明王、大師像は拝観できる。なぜか「幸せの白猫」がご本尊の前に鎮座していた。

歴史を紐解いてみると、天平十三（七四一）年に聖武天皇が国家安穏、五穀豊穣を祈願して、諸国に國分寺建立の詔を発した。讃岐国にも讃岐國分寺が建立され、このお寺はその頃に創建されたと考えられる。当時は東西二二〇メートル、南北二四〇メートルの広大な敷地に金堂や鐘楼、七重塔、僧房などが建ち並ぶ大寺院であった。

寺伝によると、聖武天皇の勅命を受け、行基が十一面千手観世音菩薩をご本尊として開基したとされている。その後当地を訪れた空海がこのご本尊を修理し、霊場と定めた。

しかし、長曾我部元親の「天正の兵火」によって、本堂と本尊と鐘楼を残してほとんど焼失。江戸時代に讃岐高松藩主から崇敬され、再興された。

鎌倉時代建立の本堂

このお寺の境内全域と辺り一帯は、讃岐國分寺跡として国の特別史跡に指定され、発掘調査が行われている。

本堂を背にして左手に進み中門をくぐると白い多宝塔を目にする。それが大師堂である。大師堂拝殿であり、納経所でもある。大師堂では大師像は拝顔できるが、撮影はできない。大師像のお参りをすませて、納経帳にご朱印を頂く。

八時三十分、お寺を後にして国分駅へ引き返した。

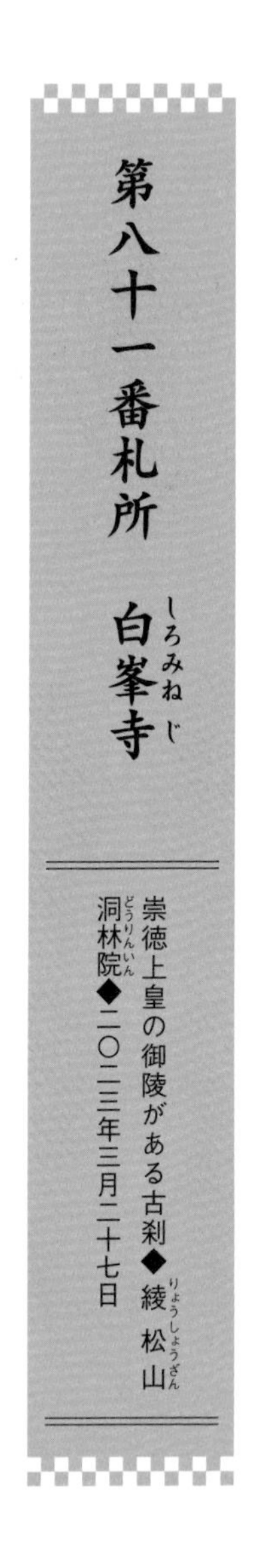

第八十一番札所　白峯寺（しろみねじ）

崇徳上皇の御陵がある古刹◆綾松山（りょうしょうざん）洞林院（どうりんいん）◆二〇二三年三月二十七日

国分駅八時三十七分発の下り列車に乗車する。坂出駅には八時四十九分に着いた。駅前に駐車していたタクシーで八十一番白峯寺に向かう。

讃岐国の霊峰である五色台は、青峯、黄峯、赤峯、白峯、黒峯と五つの峰がそびえており、最も西側にある標高三百七十七メートルの白峯の中腹に白峯寺が鎮座している。二十分ほどで、標高二百八十メートル地点にある白峯寺の一の門に到着。

参道の入り口にある門柱、一の門をくぐり、満開の桜並木を眺めながら参道を歩く。石仏が野仏といった風情で山門まで配置されている。

石造十三重塔があり、東塔、西塔と、石塔が二基立っている。源頼朝が崇徳上皇の菩提のために建立したと伝えられている。四国の石塔の中でも第一級ものとされ、国の重要文化財に指定されている。稲荷神社や修行大師像を拝観しながら参道を進むと、大きな樹木と桜の花に囲まれた山門が見える。この山門は高麗形式と呼ばれる特徴的な形をしている。

左右に二つの屋根が連なり、棟数を合わせると七棟になるので、七棟門（ななむねもん）といわれている。享和三（一八〇三）年に再建されたものだ。

門をくぐると巨大な杉が出迎えてくれ、客殿や護摩堂がある。護摩堂に併設された納経所でご朱印を頂く。その横で女性が大きな納経軸（ご朱印を頂く専用の掛け軸）を広げて、文字をヘアードライヤーで乾かしていた。

水子地蔵があり、勅額門がある。その門の手前の石段を上る。本堂まで九十九段も続き、その途中に、鐘楼堂や廻向堂、薬師堂、行者堂、阿弥陀堂などが左右に並んでいる。それぞれのお堂の前には干支の守り本尊と七福神が祀られている。本堂と大師堂をお参りした後、参拝者自身の干支の守り本尊が祀られているお堂をお参りする習わしがある。

独特の形をしている山門

石段を上りきると入母屋造りの本堂がある。千手観世音菩薩をご本尊として祀っているので、観音堂とも呼ばれている。お寺は建立されてから何度も火災に遭って焼失し、現在の本堂は、慶長四（一五九九）年に高松城主・生駒近規によって再建されたものである。

このお寺は、弘仁六（八一五）年に空海がこの地を訪れ、白峯山の頂きに如意宝珠を埋め、仏に供える水を汲むための閼伽井（あかい）を掘られて、衆生救済の請願を行ったのが始まりとされる。

貞観二（八六〇）年に智証大師円珍が、瑞光を見て山頂に登ると、白髪の老翁が現れてここは霊地であるというご神託を受けた。そこで瀬戸内海に漂っていた香りの良い不思議な光を放つ霊木で千手観世音菩薩を刻み、こ

1599年に再建された本堂

の寺のご本尊として安置し、仏堂を創建した。老翁は相模坊大権現といわれ、開運招福、商売繁盛、勝負事の神として、信仰されている。

保元の乱（一一五六年）で後白河天皇に敗れた崇徳上皇は讃岐の国に流され、この地で崩御した。その亡骸が埋葬されたのが、このお寺の頓証寺殿（とんしょうじでん）の奥にある白峯御陵である。

本堂に続いて大師堂にお参りする。文化八（一八一一）年に高松藩主・松平頼儀により再建された。中央に弘法大師、左に稚児大師、右に青面金剛が祀られている。

お参りをすませ、九十九段の石段を降りて右に曲がり、勅額門の先にある崇徳上皇ゆかりの建物などを参拝する。

勅額門は延宝年間（一六七三〜一六八一年）に高松藩主・松平頼重が再建したもので

1811年に再建された大師堂

ある。室町時代の応永二十一（一四一四）年に後小松天皇ご執筆の「頓證寺」の扁額が奉納され、この門に掲げられた。そのため、この門は勅額門と呼ばれるようになった。勅額は国の重要文化財に指定されており、実物は宝物館に収納されている。

その先に頓証寺殿があり、崇徳上皇の霊が祀られている。建久二（一一九一）年に崇徳上皇の近習だった遠江章実が、鼓岡にあった本丸殿をこの寺に移して法華堂を建て、崇徳上皇の自画像を安置して菩提を弔ったのが始まりとされている。後小松天皇が「頓證寺」の勅額を奉納されたことから、「頓証寺殿」といわれるようになった。

拝殿と奥殿があり、奥殿には三つの社がある。中央に崇徳上皇の霊尊、左に鎮守白峯大権現相模坊、右に念持仏十一面観世音が祀られている。現在の建物は、延宝八（一六八〇）年に高松藩主・松平頼重、頼常により再建されたものである。

相模坊は日本八天狗の一狗であり、讃岐三天狗の一狗でもある。大権現と崇拝され、白峯山の鎮守となり、崇徳上皇の守護神ともなっている。

頓証寺殿の後方に崇徳天皇白峯御陵がある。崇徳上皇は長寛二（一一六四）年、失意のうちに四十六歳で崩御された。御遺詔によってこの山で荼毘に付された。御陵は積み石の方墳であったといわれている。私は静かに手を合わせた。

勅額門

後小松天皇が奉納された扁額

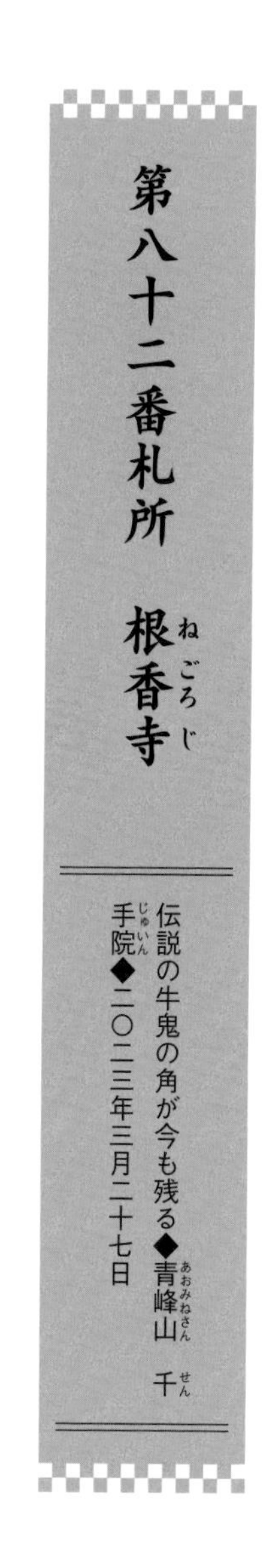

第八十二番札所　根香寺

伝説の牛鬼の角が今も残る◆青峰山　千手院◆二〇二三年三月二十七日

白峯寺から第八十二番根香寺まで約五キロ、アップダウンのある山道だ。通常なら一時間四十分ほどの道程だが、これまでの調子だと三時間はかかるだろう。

白峯寺から根香寺に至る遍路道は「根香寺道」と名付けられ、五キロのうち約二キロが讃岐遍路道として国の史跡に指定されている。

白峯寺の山門を出るとすぐに左に曲がり、白峯寺の壁沿いの道を歩く。昨日までの雨でできた水溜りが落ち葉で覆われ、滑りそうで歩きにくい。

道沿いに摩尼輪塔や下乗石、白峯寺住職の墓地、毘沙門窟灯篭、閼伽石など、さまざまな古い石塔が見られる。何度も足を滑らせて転倒しながら歩き続ける。自衛隊演習場の近くでは後ろ向きに転倒し、金剛杖が折れてしまった。平成九（一九九七）年四月五日に第一番霊山寺で購入したもので、長年遍路のたびにお世話になった。書き込まれた般若心経は薄れ、握り続けていた持ち手の部分は少し細くなっている。第八十八番大窪寺の宝杖堂(じょうどう)に納めて供養したいと思い、杖袋に入れて持ち歩くことにする。

白峯寺の山門から約二・八キロ地点で、國分寺への分岐点となっている三差路の十九丁休憩所に着く。予定の半分ほどしか歩いていない。ここには石垣で作られた平坦地があり、十九世紀前半には小さなお堂や休憩所のようなものがあったとされる。一段高いところにはお地蔵さんや中務茂兵衛の道標、遍路墓などがある。

お地蔵さんの前の広場には「景子ちゃんの接待所」と書かれたプラスチックの箱が積まれていた。このお接待はありがたかった。缶入りのコーヒーを一本頂き、喉を潤すと、生き返った気分になる。置かれていたメモ帳にそのお礼と、「八十六歳の同行二人は少し無

歴史を感じる遍路道

理だったようです。ここまで二時間近くもかかりました」と、下手な文字で書き残した。

白峯寺を出てから三・四キロ地点でようやく県道に出た。十三時十分になっている。

県道を少し歩くと足尾大明神があった。足の神様が祀られていて、草鞋（わらじ）などが奉納されている。

疲れ果て神社の境内に置かれた椅子に座り、少しだけ休むつもりでいたが、いつのまにか寝込んでしまっていた。ふと気がついて周りを見ると、花見客で賑わっていた。気を取り直してしばらく県道を歩いていると、「みち草」と書かれた遍路休憩所に出合う。

また遍路道は山道となる。そこで納経軸をドライヤーで乾かしていた女性と再会。声をかけると「根香寺のお参りをすませ、これから八十三番一宮寺に行きます」と言う。ずいぶん足の速い人だと思ったが、どうやら私が遅いだけのようだ。

ゆっくり歩き、八十二番根香寺の駐車場に着いたのは十四時五分だった。かなり疲れた。

根香寺は五色台のうち、標高約四百五十メートルの青峯の中腹に鎮座している。秋のシーズンになると山全体が赤く染まり、紅葉の名所として知られている。今は新緑の季節だが、それを愛でる楽しみもあるのではと思いながらお参りする。

山門の手前、駐車場の左側の林の中に異様な姿の青銅製の牛鬼像がある。山門には大き

伝説の牛鬼

な草鞋があり、それに隠れるようにして仁王様が両脇にいる。

　根香寺は牛鬼伝説のお寺としても知られている。

　昔、青峯山には人を食べる恐ろしい怪獣といわれた牛鬼が住んでいた。それに困った村人が山田蔵人高清という弓の名人に退治を頼んだ。高清は根香寺のご本尊に、退治できるようにと願かけをして、現れた牛鬼に矢を放つと口の中に命中した。逃げる牛鬼を追いかけると、西の方角にある定ヶ淵の辺りで死んでいた。高清は牛鬼の角を切って持ち帰り、根香寺に奉納して菩提を弔ったという。

　この牛鬼の角とその姿を描いた掛け軸が、今でも大切にお寺に残されている。また牛鬼の絵は魔よけのお守りとして親しまれている。

山門をくぐって境内に入ると、石段をいったん下り、その先にある石段を上るという珍しい造りになっている。

上ったところに鐘楼、納経所がある。納経所の左側に五大堂がある。空海にゆかりのある五大明王を拝観できる。左から大威徳（だいいとく）夜叉明王、金剛夜叉（こんごうやしゃ）明王、大日大聖（だいにちだいしょう）不動明王、降三世（ごうざんぜ）夜叉明王、軍荼利（ぐんだり）夜叉明王の五体が鎮座されている。

不動明王は弘安九（一二八六）年に元寇調伏祈願のために造られたもので、他の四体は天和三（一六八三）年に高松藩主が京都の仏師に造らせたという。香川県の有形文化財に指定されている。大師堂では大師像を拝観した。

納経所の前から本堂へ続く長い石段を上る。本堂の前には万体観音堂があり、凹字型回廊に全国の信者が奉納した三万三千体の観音像が祀られている。この観音堂の中に阿弥陀堂やはらくわり地蔵がある。はらくわり地蔵はかつては本堂の後ろの山中にあり、その周りの木を切るとおなかが痛くなるという言い伝えがあった。「くわる」とは「痛む」という意味である。長年風雨にさらされて劣化が激しくなったことから、ここに移された。

万体観音堂を通り抜けて本堂に参拝する。ご本尊の千手観音木像は平安時代に智証大師円珍が刻んだもので、桜材一木造り、総身漆箔。秘仏で、三十三年に一度ご開帳される。

本堂

寺伝によると空海がこの地を訪れたとき、五色台の五つの峯に金剛界の五智如来を感じ取られ、その一つの青峯に堂宇を建立された。そして五大明王を祀り「花蔵院」と名付けられた。その後智証大師円珍が天長九（八三二）年に訪れ、山の鎮守である市之瀬明神の化身である老翁に「観音霊場の道場を作るように」と告げられた。智証大師は蓮華谷の霊木で千手観音像を刻み「千手院」を建て安置された。この霊木の切り株が芳香を放ち続けたことから、「花蔵院」「千手院」の二つを総称して「根香寺」と名づけられたという。

お参りをすませ、納経所でご朱印を頂き、山門に引き返す。十四時四十分であった。

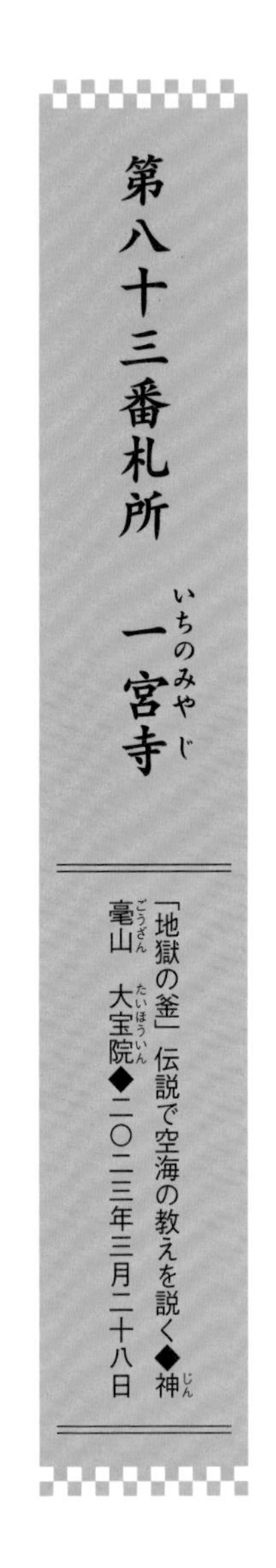

第八十三番札所　一宮寺（いちのみやじ）

「地獄の釜」伝説で空海の教えを説く◆神毫山（じんごうざん）　大宝院（たいほういん）◆二〇二三年三月二十八日

昨日は、根香寺から五・五キロほど離れたＪＲ予讃線の鬼無駅まで歩き、その後列車で高松駅まで行きホテルに向かう予定であった。ところが、根香寺の遍路道に疲れ果て、タクシーを利用する結果になった。ホテルには十七時前に着き、ゆっくりと休めたので疲れはとれたようだ。朝五時前に起きて日記を書き、撮った写真を確認し、コンビニで買っておいたおにぎりで朝食をすませる。ホテルから近い、琴電高松築港駅六時発の電車に乗り、二十分ほどで一宮駅に着いた。第八十三番一宮寺は駅から一キロ足らず。

最初に目についたのは広大な社域を誇る、讃岐国一宮の田村神社の鳥居である。その横の狭い道に「八十三番一宮寺へ」という遍路道標があった。七時過ぎだ。

山門をくぐると、正面に本堂が見える。参道沿いの左に鐘楼、薬師如来祠、右には大師堂、その隣に護摩堂。このお寺には入り口が二つあり、車で参拝する人は西門から境内に入る。今回はその反対側の山門から境内に入った。山門は瓦葺きで八脚門だ。左右に大きな草鞋が置かれ、その後ろで仁王像が睨みを利かせている。この仁王像は江戸時代に造られたもので、運慶二十八世と称していた京仏師の赤尾右京作。

仁王門をくぐると、お寺のシンボルともなっている大きな楠に目を奪われる。みずみずしい新緑が美しい。その楠の根本に小さな石造りの祠があり、薬師如来が祀られている。この祠は「地獄の釜」といわれ、心がけの悪い人が頭を入れると扉が閉まり、抜けなくなるという言い伝えがある。

昔、意地悪なおばあさんがこの祠に頭を入れると扉が閉まって頭が抜けなくなり、下からは煮えたぎったゴーッという地獄の釜の音が聞こえてきた。これまでの悪事を謝ると扉が開き、頭が抜けた。おばあさんは心を入れ

青々した枝を広げる楠

替えたという。これが「地獄の釜」の由来だ。美しい心と健やかな体を持つように、という空海の教えといわれている。

大きな楠に守られるようにして本堂がある。瓦葺きで入母屋造り。江戸時代の元禄十四(一七〇一)年に再建された。ここには空海作といわれる、聖観世音菩薩(しょうかんぜおんぼさつ)像が安置されている。この観音様は顔が一つで腕が二本の、一面二臂(いちめんにひ)といわれる人間に近いお姿をされ、火難、水難、風難、刀杖難(とうじょうなん)、悪鬼難、枷鎖難(かさなん)、怨賊難(おんぞくなん)など、七つの災難から我々を守ってくれる。秘仏で、毎年八月十日の千日会のご開帳の日に、前立本尊を拝顔できる。脇侍は不動明王と毘沙門天である。

寺伝によると、このお寺は、大宝年間(七〇一~七〇四年)に法相宗の高僧・義淵(ぎえん)僧正によって開かれ、「大宝院」と称した。和銅年間(七〇八~七一五年)に諸国に一宮が創建された際、讃岐一宮・田村神社を管理する第一別当として、義淵の弟子、行基がお堂を改修し、寺号を一宮寺と改めた。その後大同年間(八〇六~八一〇年)に空海が訪れて、伽藍を整備し、聖観世音菩薩を刻んで安置、真言宗に改宗した。

天正の兵火によって焼失したが、再興。延宝七(一六七九)年に高松藩主・松平頼重が田村神社の神と仏を分離させたため、独立した寺となり、現在地に移された。別当寺としての役割も解除され、本地仏であった聖観世音菩薩像がこのお寺のご本尊となったという。

1701年再建の本堂

大師堂にお参りする。「讃岐一宮のお大師さん」として親しまれていて、天井一面に先祖供養、家内安全を祈願した吊灯篭が奉納されている。

ご本尊の弘法大師像の他、延宝三（一六七五）年作の薬師如来坐像、江戸時代作の愛染明王坐像、平安時代後期作の不動明王立像、鎌倉時代作の不動明王立像が安置されている。

その他、護摩堂や石庭、「一宮御陵」と呼ばれるご祭神の供養塔などを拝観する。

最後にご朱印を頂き、山門に一礼して、七時四十分にお寺を後にした。

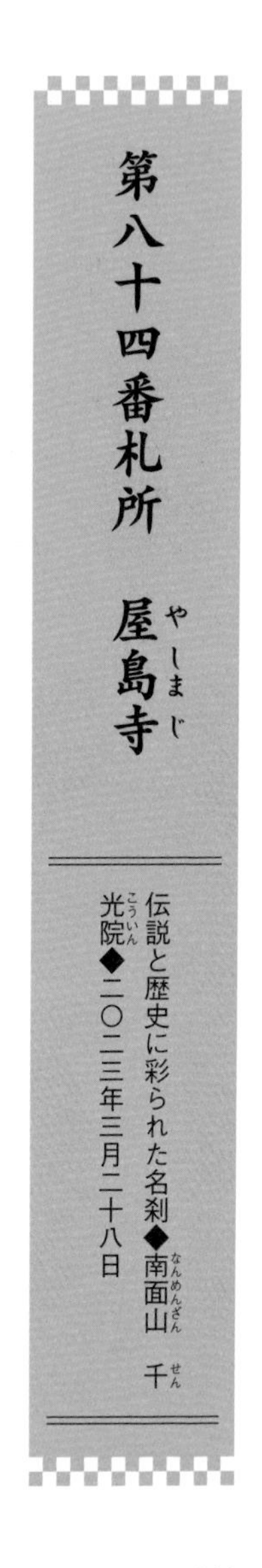

第八十四番札所　屋島寺（やしまじ）

伝説と歴史に彩られた名刹◆南面山（なんめんざん）千（せん）光院（こういん）◆二〇二三年三月二十八日

琴電一宮駅七時五十分発の電車で屋島駅に向かう。五十分ほどで到着。駅前の道路の向かい側に駐車場があり、その中に屋島シャトルバスの停留所がある。正面を見ると、屋島の山並みが見える。平成十六（二〇〇四）年に廃止となった、屋島ケーブルの跡がまっすぐに山頂に延びている。第八十四番屋島寺は、屋島の南嶺の標高三百メートル付近にある。バスの発車時刻まで一時間近くあるからか、バスを待っている人は誰もいない。はたしてバスは来るのだろうか、と不安な気持ちになっていると、九時近くになり、少しずつ人が集まり始める。

ふと横を見ると、どこかで見かけた人が同じベンチに座っている。「どこかで出会いましたね」と声をかけると「國分寺で」と言う。その人は札幌から来ていて、一度目はレンタカーで霊場を一回りしたが、ほとんど覚えていないとのことであった。

バスは定刻に駐車場に着き、十人ほどの乗客を乗せて九時三十七分、発車した。道路沿いの桜は満開、源平合戦の舞台ともなった穏やかな瀬戸の海を眺めながら走る。

二十分足らずで屋島山頂上駅に着いた。料金は一律百円。なんだか気がとがめる。この辺りには新屋島水族館などもあり、それを目当てに多くの人が訪れるようだ。「屋島寺はそこですよ」とバスの運転手に教えてもらい、下車する。

バスを降りるとすぐそばに東大門がある。真新しい建物である。車を利用してお参りをする人の最初の門である。一歩入ると、さまざまな石仏や石塔が出迎えてくれる。境内からいったん外に出て、歩き遍路の人が最初に目にする仁王門から入り直す、仁王門は東大門とは異なり、静かな雰囲気が漂っている。迫力のある仁王様に改めて一礼してお参りを始める。

仁王門をくぐると、正面に四天門が見える。阿波藩主・蜂須賀家が江戸時代初期に建

迫力のある仁王像

立したものといわれている。向かって前に増長天像、持国天像、後ろに多聞天像、広目天像が安置されている。

右手に鐘楼がある。梵鐘は「平家供養の鐘」ともいわれ、国の重要文化財に指定されている。

参道を進むと、左手に宝物館がある。ご本尊をはじめ、多くの仏像が安置されている。ご本尊の木造千手観音坐像はカヤの一木造漆箔、高さは約九十四センチ。平安時代中期、十世紀頃の作とされる。その他、源平盛衰絵巻物、源氏の白旗、屋島合戦屏風などの寺宝を収蔵展示している。残念ながら時間の都合で拝観はできなかった。

その先に入母屋造り、本瓦葺きの本堂がある。鎌倉時代の前身堂の部材を使って江戸時代初期の元和四（一六一八）年に建てられた。国の重要文化財に指定されている。拝殿はガラス張りで、中の前仏は拝観できなかった。

このお寺は、那須与一の扇の的や義経の弓流しなどで有名な源平合戦の古戦場としても知られる、屋島の南嶺に鎮座している。

寺伝によると、朝廷の要請を受けた、唐の律宗の開祖・鑑真和上が天平勝宝六（七五四）年に船で奈良に向かう途中、屋島の沖合いで山頂から立ち上る瑞光を感じ取られた。そこで屋島の北嶺に登られ、小さなお堂を建てたのが、このお寺の始まりとされる。その

重要文化財の本堂

後弟子の恵雲律師が堂塔を建立し、「屋島寺」と称して初代住職になったという。

弘仁六（八一五）年、嵯峨天皇の勅命を受けた空海が当地を訪れ、お堂を北嶺から現在の南嶺に移し、千手観世音菩薩像を刻んで、ご本尊として安置した。

屋島寺は山岳仏教の霊場としても栄えた。近世を通して高松藩の庇護を受け、現在も国有林部分を除いて、屋島山上の敷地のほとんどは屋島寺の所有地である。

大師堂にお参りして大師像を拝顔する。三躰堂には鑑真和上が祀られている。穏やかなお顔の和尚を拝顔。続いて千躰堂を拝観する。境内では、屋島七福神が木陰に仲良くたたずんでいる。吹き抜けるさわやかな風が気持ちよさそうだ。

空海を道案内した太三郎狸

瑠璃宝の池（血の池）

ご祭神は、佐渡の団三郎狸、淡路の芝右衛門狸と並んで「日本三大名狸」に数えられる屋島太三郎狸である。空海が霧の深い屋島で道に迷っているときに、蓑笠をつけた老人が現れ、屋島の山頂まで案内した、この老人は太三郎狸の変化術の姿であったといわれている。盲目の鑑真和上を屋島山頂に案内したともいわれている。

伝承によると、太三郎狸は平重盛に助けられて、平家の守護を誓った狸の子孫といわれ、平家滅亡後は屋島に住み着いた。屋島に争いや悪い出来事が起こると、すぐに屋島寺の住職に知らせたという。四国の狸の総大将ともなったこの太三郎狸は、屋島寺ご本尊十一面千手観音の御申狸として、本堂の横に祀られている。夫婦仲がよかったことから、家庭円満、水商売、子宝をもたらす狸として、信仰を集めている。

空海がお経と宝珠を納めて池にした、という伝説の池もある。「瑠璃宝の池」といわれるが、その後、源平合戦の際に武士たちが血のついた刀を洗ったことから「血の池」と呼ばれるようになった。

満開の桜の下で、遍路衣装を身に着けた集団が、先達といった人の話を聞いている。

第八十五番八栗寺まで七・四キロ、下りの長い道なので二時間はかかりそうだ。しばらく屋島ドライブウェイを歩く。荒れ果てたホテルの近くに遍路道があった。かなり険しい下り道である。あまり人は通らないのか、山道は荒れ気味で足元が危うい。ところどころに石碑も見かける。五百メートルほど下ると広い道に出た。その道路を横断して下るはずなのだが、遍路道が見当たらない。仕方なく広い道を下りながら遍路道を探す。

道路からの眺めはすばらしく、源平合戦の壇ノ浦の戦いの舞台や、八栗寺のある五剣山を展望できる。心地よい気分で歩いていると、バスの停留所があった。バス停で一休みしようとして立ち寄ると、ウォーキングをしている男性に出会った。八栗寺への道を聞くと「少し遠回りだが間違ってはいない」と言う。さらに「あの先の道を左に曲がり、川沿いに歩くと橋があり、それを渡ると一本道です」と親切に道順を教えてくれた。

教えてもらった道を歩くうちに十二時になってしまった。空き地を見つけて、買っておいたサンドイッチとコーヒーで昼食にする。十分ほど休憩し、歩き始めるとすぐ近くに遍路標石を見かけた。指し示す方向に曲がると橋があった。渡ると大きなスーパーがあり、何人かに聞きながら、ようやく八栗ケーブルカー山麓駅にたどり着いた。十二時二十分。

駅の横にある一ノ鳥居から、山門である二天門までの表参道を歩けば約一キロ。かなり厳しい上り道で五十分以上はかかりそうだ。すると、「ケーブルが発車します」と声をかけられ、それ以上考える余地もなく乗車券を買って乗り込んだ。

以前は一ノ鳥居から始まる表参道を歩いた。息を切らしながら急勾配の山道を上ったことを思い出す。しかし今の自分の体力でとうてい無理だ。上りはケーブルを利用して、帰り

道路からのすばらしい眺め

は表参道を歩いて下ることにする。

ここでは、実際に歩いた道順とは逆に、表参道から上る道順で記述する。

駅の脇にある一ノ鳥居を過ぎると、すぐに若宮神社のお堂、大師御加持水、二ノ鳥居、「賽の河原」と続く。賽の河原は人間界と聖地の境目とされている。そこから五分ほど上ると、お迎え大師が出迎えてくれる。空海の若々しいお姿は、ご本尊の模型である。平成二十二（二〇一〇）年に落慶。大師が鎮座されているこの場所は展望台ともなっており、ここからお寺の境内となる。晴れた日には高松市内や金比羅山、徳島の剣山が一望できる。この日は春霞のせいか遠くの景色はかすんで見えなかった。

展望台から満開の桜を愛でながら参道を進むと、三ノ鳥居があり、その先に山門でもある二天門がある。入母屋造り瓦葺きで持国天と多聞天が祀られている。

本堂の背後にそびえ立つ五剣山は迫力がある。鋭くとがった四つの峰と平らな峰を合わせて五つの峰を展望できる。

本堂は五間四面の入母屋造り、建てられてから三百年以上過ぎている。屋根や幕には高松家の「葵の紋」が入っている。空海作と伝えられる聖観世音菩薩立像が安置されている。厨子の扉が開けられていて、ご本尊と脇仏は正面隙間から拝観できる。

境内には十一面観音立像が鎮座されていた。聖天（しょうでん）の本地仏であり、衆生の迷いを救い、

展望台も兼ねているお迎え大師

本堂の背後にそびえる五剣山

願いを叶えてくれる。仏の周りをまわりながら願い事をする習わしになっている。

八栗寺は、標高三百七十五メートルの五剣山の八合目に鎮座している。

寺伝によると、空海がこの地で虚空蔵求聞持法を修めたとき、五本の剣が天から降り注ぎ、山の鎮守の蔵王権現が現れ、「この山は仏教に相応する霊地である」と告げられた。空海は五本の剣を山中に埋められ、それを守護するために岩盤に大日如来の像を刻んで、天長六（八二九）年、五剣山と名付け開基した。空海は唐に渡る前に修行の成就を願って八個の焼き栗を境内に埋めた。帰国後再度訪れ、それらがすべて成長していたことから、八栗寺としたとされる。

このお寺は山岳修行の場としても栄えたが、天正の兵火によって焼失。文禄年間（一五九三〜一五九六年）に無辺上人が本堂を再建した。寛永十九（一六四二）年には高松藩主・松平頼重が現在の本堂を再建し、空海作の聖観世音菩薩をご本尊として安置した。

本堂に向かって左の鳥居をくぐり、石段を上がると中将坊堂がある。中には中将坊大権現が祀られている。中将坊は讃岐三大天狗の一人で、夜になると山から下りて、人々のためになることをして朝になると帰るといわれる。除災招福、健脚にご利益がある。

本堂の前の参道を右に進み、聖天堂、地蔵堂、鐘楼堂、木食以空上人像、十二支一代守本尊、大師堂、多宝塔などを拝観する。

夫婦の歓喜天が祀られる聖天堂

聖天堂は延宝五（一六七七）年に建立されたもので、「八栗の聖天さん」として信仰を集めている。聖天は「歓喜天」とも呼ばれ、その名のとおり、人が喜ぶことを歓びとする天尊だ。この聖天堂には夫婦二天の歓喜天が祀られている。後水尾天皇の皇后からこの歓喜天を賜った木食以空上人が、この地がふさわしい場所と感じてお祀りされた。五十年に一度ご開帳される秘仏である。良縁や商売繁盛、夫婦円満などのご利益がある。

一通りお参りをすませ、歩いて下る。お迎え大師から表参道を下り一ノ鳥居に着いたとき、十三時二十分になっていた。下りに要した時間は十五分。やはり体力のない者には上りはケーブル、下りは歩くが正解だったようだ。琴電八栗駅へ歩いて向かう。

琴電志度線八栗駅十四時五十分発の電車に乗り、十七分ほどで志度駅に着いた。駅から第八十六番志度寺まで約六百メートル。駅の前の道の突き当たりの広い道を左に曲がり、五百メートルほど離れたところに「志度寺」という道路標識があった。そこから右に曲がるとほどなくお寺が見えた。山門までの間の左側に圓通寺がある。行基が開基し、志度寺の塔頭七坊の一つであった。その向かいに平賀源内の菩提寺である自性院がある。

令和四（二〇二二）年には、江戸時代の主要な建物や海女の墓、歴代住職の墓などが良好に保存され、江戸時代後期の寺院景観が良好に保たれていることにより「讃岐遍路道・志度寺境内」として国の指定史跡となった、

山門は寛文十一（一六七一）年に建立されたもの。瓦葺き、切妻造り。三つの切妻屋根を合体させて造られた豪快な三棟造である。国の重要文化財に指定されている。高松藩主・松平頼重が寄進。仁王像は檜の寄木造り。鎌倉時代の仏師・運慶作と伝えられている。

大きな草鞋が目を引く山門

五重塔。草木が生い茂りうまく撮影できなかった

扁額には「補陀洛山」と書かれている。補陀洛は観音菩薩が降臨する霊場を意味する。

仁王門をくぐり、広々とした境内に入る。目につくのが朱塗りの五重塔である。「境内が讃岐遍路道に指定され、もう少ししたらお寺もきれいになる」という話し声が聞こえた。鐘楼堂や奪衣婆堂（だつえばどう）、石仏などを参拝し、本堂に向かう。

本堂には堀を渡ってお参りするようになっている。この堀は「三途の川」といわれて、本堂のある北側が「あの世」、いわゆる彼岸であり、南側が「この世」、此岸を表している。本堂は寛文十一（一六七一）年に建立。瓦葺きで入母屋造り。山門と同じく高松藩主・松平頼重が寄進したもので、国の重要文化財に指定されている。

ご本尊の十一面観世音菩薩立像は、像高約百四十六センチで檜の一木作り。脇侍は不動明王立像と毘沙門天立像である。いずれも平安時代中期から後期の作で、国の重要文化財に指定されている。毎年、七月の半ばに数日ご開帳される。

向かって右奥に凡薗子尼（おおしそのこに）像が鎮座している。

お寺の縁起によると、海人族の凡薗子尼が、志度浦にたどり着いた檜の霊木を草庵へ持ち帰り、ご本尊の十一面観音を彫り、小さな堂を建てて祀ったという。推古天皇三十三（六二五）年創建と、歴史は古い。

天武天皇十（六八一）年、藤原不比等が海女だった妻の墓を建立し、観音様が住んでい

江戸時代に建立された本堂

る補陀洛浄土への関所とし、「死度道場」と名づけた。その後、持統天皇七（六九三）年に不比等の子である藤原房前が行基とともにお堂を増設し、寺名を「志度寺」に改めたと伝えられている。弘仁年間には空海がこの地を訪れ、伽藍の修理にあたった。

室町時代には栄えたが、戦国時代の兵火によって荒廃。だが、江戸時代に、高松藩主・松平氏の庇護のもとに再興された。

見どころは多く、本堂の右に大師堂がある。大師堂を背にして閻魔堂がある。さらに進むと三社の祠を過ぎて薬師堂がある。右に曲がり、左の納骨堂を過ぎると宝物館と書院があり、その間の狭い道を入ると右側に無染庭がある。その前方に曲水式庭園が広がる。無染庭の垣根に沿って右に進むと、その先にお辻の井戸がある。

大師堂は江戸時代前期の建物。背後に空海お手植えの大きな楠がある。

閻魔堂も同じく江戸時代の建築物。十一面閻魔大王が鎮座されている。このお寺の閻魔大王はご本尊の十一面観音と同体だとされて、頭上に十一面の仏面を頂くお姿をされている。極楽往生、蘇生の閻魔といわれている。室町時代の作とされ、そのときの心の状態によって、優しい顔に見えたり怖い顔に見えたりするといわれている。

書院の正面に作られた無染庭は、白砂と七つの石からできている枯山水庭園。志度の海と沖合いの島を表している。その南側にあるお辻の井戸は、歌舞伎「花上野誉石碑（はなうえのほまれのいしぶみ）」に出てくるお辻が水行をした井戸である。

また曲水式庭園は、室町時代に四国管領（かんれい）だった細川氏によって造成された。貴族が屈曲した川の流れの前に座り、上流から盃が流れてくる間に歌を詠むという「曲水の宴」が催された。珍しい庭園だが、雑草が生い茂りその面影は薄れている。

五重塔の北側に生駒親正の墓所があり、並んで海女の墓がある。

このお寺には次のような「海女の玉取り縁起」が伝わっている。

藤原鎌足の子・不比等は、亡き父の供養のために唐から送られた宝珠を、志度沖で龍神に奪われてしまう。その玉を取り戻そうとして、身分を隠して志度の浦へやってきた不比

江戸時代前期に建てられた大師堂

等は、一人の海女と恋に落ち、房前という男児をもうけた。不比等は自分の素性を明かし、玉を取り返してほしいと頼んだ。海女は自らの命と引き換えに玉を取り戻す。この玉は奈良の興福寺に納められた。不比等は愛する人の死を悲しみ、海女の墓を造った。藤原家を継いだ房前は志度寺を訪れ、千基の石塔を建てて母の菩提を弔った。

今でも「海女の墓」として二十基が並んでいて、毎年旧暦の六月十六日に大法会が行われる。墓は青々とした樹々に囲まれ、苔むした五輪塔がひっそりとたたずんでいた。

お寺の参拝を終えてご朱印を頂く。十五時三十分、今日のお参りはここで終了とした。

第八十七番札所　長尾寺（ながおじ）

讃岐七観音随一のご本尊を祀る◆補陀洛山（ふだらくさん）観音院（かんおんいん）◆二〇二三年三月二十九日

長い旅だったが、今日が四国遍路最後の日となる。朝五時五十分に高松市内のホテルを出て、近くの琴電高松築港駅へ向かう。六時十一分の始発列車に乗り、終点の長尾駅に六時四十九分到着。駅から第八十七番長尾寺まで約二百メートル。七時前には着いた。

山門の前には、一対の電話ボックスのような建物があり、その中に「経幢（きょうどう）」と呼ばれる石柱が納められている。鎌倉時代半ばの元寇で犠牲になった将兵の霊を慰めるためのものである。それぞれ「弘安六年」「弘安九年」の銘がある。国の重要文化財に指定されている。

山門をくぐると参道の右に大きな楠があり、正面に本堂がある。

山門は日本三大名門の一つといわれ、寛文十（一六七〇）年に建立された。三つ棟木という珍しい工法で作られている。鐘楼を兼ねたもので、両側には四メートルほどの大きな草鞋がある。その奥に仁王像が安置されている。志度浦からここまで仁王像を運ぶ人がいなかったため、住職が祈願すると、自ら歩いてきたという伝説が残されている。

山門前にある経幢(きょうどう)を納めたボックス

日本三大名門の一つといわれる山門

手水舎の背後で大きな楠が枝を広げている。樹高十九メートル。香川県の保存木に指定。

本堂は天和三（一六八三）年、高松藩主・松平頼重の寄進によって建立された。ご本尊の聖観世音菩薩は、幾多の火災に遭いながら難を逃れたため、讃岐七観音の中でも随一と称えられ、「七観音随一」の扁額が掲げられている。ご本尊は秘仏である。このお寺は、天平十一（七三九）年、行基が道端のしだれ柳（楊柳）に霊夢を感じ、その木で約一メートルの聖観音菩薩を刻んで、お堂に安置されたのが始まりとされている。

空海が唐に渡る前に入唐求法の成功を祈願して、年の初めから七夜の護摩の秘法を修め、七日目に護摩符を丘の上から人々に投げ与えたとの伝説がある。この祈願は現在でも受け継がれ、毎年一月七日に「大会陽福奪い」として盛大に行われている。

唐より帰朝した空海は天長二（八二五）年に再びこの地を訪れて、大日経を一石に一字写経した。現存はしていないが、万霊供養塔を建立して伽藍を整え、真言宗に改宗した。

歴代の天皇が帰依されたが、天正の兵火によって本堂以外は焼失。ご本尊は無事であった。何度も火災を免れたご本尊は、あらゆる災いや病気から守ってくれる観音様として、信仰を集めている。

慶長年間（一五九六〜一六一五年）になり、讃岐国守・高松藩主・生駒一正によって再

静御前剃髪塚

興され、「長尾観音寺」と呼ばれるようになった。江戸時代には高松藩主・松平頼重が堂塔を寄進、真言宗から天台宗に改宗された。

　地元では「長尾の観音さん」とか「力餅・静御前得度の寺」といわれて親しまれている。静御前が源義経と別れた後、母の磯禅師とともに長尾寺を訪れ、得度したという言い伝えがあり、静御前の位牌が本堂の左脇陣にある。また、得度した後に髪を埋めたとされる静御前剃髪塚もある。

　本堂の右側にある大師堂を参拝。大正時代に再建されたものという。お堂の周りには十二支の彫刻がある。その他、護摩堂や、長尾寺の鎮守社である長尾天満自在天神宮、薬師堂などを参拝する。最後に納経所でご朱印を頂き、山門を後にした。

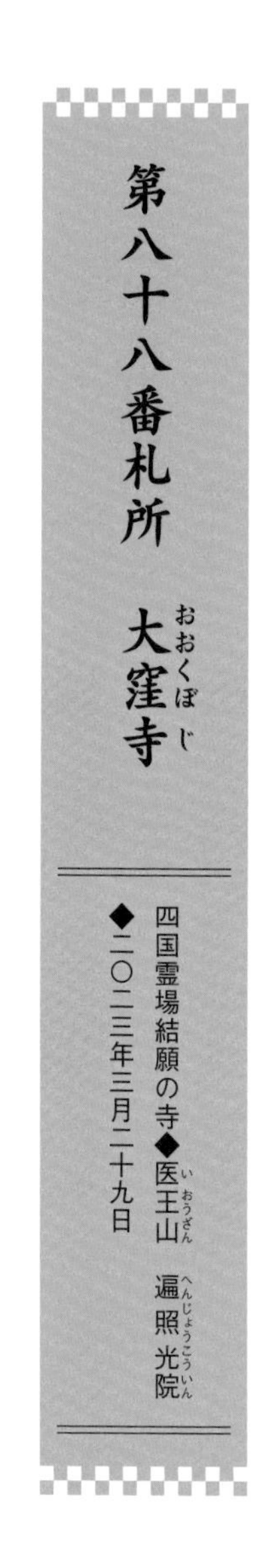

第八十八番札所　大窪寺（おおくぼじ）

四国霊場結願の寺◆医王山（いおうざん）　遍照光院（へんじょうこういん）
◆二〇二三年三月二十九日

長尾寺から第八十八番大窪寺まで十五・五キロ。きつい上りの難所である。歩けば七時間ほどはかかりそうだ。なので、さぬき市コミュニティバス志度・多和線を利用して、大窪寺まで行くことにする。

八時二十分、長尾寺の山門に一礼してバス停に向かう。五分ほどで、大窪寺行きのバスが出る大川バス本社前に着いた。八時四十分発である。すでに四人がベンチに座って待っている。そのなかにはオランダから来たという男性も交じっていた。

定刻に出発したバスは山間の道を走る。桜が満開で、ところどころで花見をしている人たちも見かける。バスは予定通り九時十二分に大窪寺前に着いた。

バス停の周りにはうどん屋をはじめ、さまざまな店が並び、賑わっている。以前にお参りしたときとはすっかり様子が変わっている。バス停の横には、高さ六・五メートル、枝張りが十・五メートルもの大きなサザンカがあり、香川県の保存木にもなっている。

大窪寺は、四国霊場第八十八番目の結願の寺である。標高七百八十八メートルの矢筈山（やはずやま）の東側中腹にあり、お寺に上る石段の脇に「八十八番結願所」と刻まれた石碑があった。

このお寺には南側と西側と、門が二つある。南側から石段を上ると二天門とも呼ばれる山門がある。元禄年間に再建されたもので、多聞天と持国天が一対となっている。

さらに石段を上ると、巨大な銀杏に目を奪われる。樹高二十六メートル、胸高幹周り七・二メートル、枝張り二十二・三メートル。この時期はまだ若葉は見られず、黒い枝を空に向かって思いきり広げていた。香川県の保存木でもある。「おんな厄橋」と刻まれた高欄があり、その橋の向こうで幼き空海・真魚の石像が出迎えてくれた。

南側にある山門（二天門）

谷間の窪地に建立された本堂

本堂は大きな谷間の窪地のほとりに建てられ、礼堂、中堂、奥殿（多宝塔）から成る。奥殿にはご本尊の木造薬師如来坐像と三国伝来の錫杖が安置されている。

ご本尊は総高約百七十一センチで、奈良時代末期の作とされる。左手には薬瓶ではなく法螺貝を持たれていたが、傷みが激しく、現在は法螺貝の形に作られた水晶に差し替えられている。

ご本尊を示す木札「薬師如来本願功徳」の「薬」の文字が未完成である。これには「遍路旅はここで結願ではあるが、完成するものではなく、人生という旅は終わりのないものである」という意味が込められている。天井には、足の不自由なお遍路さんが乗っていたという荷車が展示されている。

左下の木札「薬師如来」の「薬」の字が欠けている

寺伝によると、奈良時代の養老元（七一七）年、行基がこの地を訪れたときに夢に霊を感じ取られ、谷間の窪地の傍らに粗末な草庵を建て、修行したのが始まりとされている。

空海が唐から帰朝し、弘仁七（八一六）年に現在の奥の院にある胎蔵ヶ峰の岩窟で虚空蔵求聞持法を修して、谷間の窪地に堂宇を建て、等身大の薬師如来坐像を刻んで安置された。また唐の恵果阿闍梨から授かった三国（印度、唐、日本）伝来の錫杖を納めて、窪地にお寺を建てたことから「大窪寺」と名付け、四国八十八番の結願の地とされたという。

古くから女人の参拝を許していたので、女人高野としても栄えた。戦国時代に兵火に遭い江戸時代に再興されたものの、明治時代にまたしても火災に見舞われる。

こんな苦難の時代を乗り越え、結願霊場として今も法灯を守り続けている。

納経所でご朱印を頂く。このお寺は結願所でもあるので、お参りを無事にすませることができたと証明する「結願証明書」も発行してもらえる。

大師堂を参拝する。一階には通常のお姿の大師像、両脇に四天像が祀られているが、拝観はできなかった。大師堂には地下殿があり、拝観したかったが、団体専用の入り口しかなく諦める。資料によると、大師堂地下殿には、剣を持った秘鍵大師坐像が祀られている。お砂踏みの道場もあり、四国八十八ヵ所の小さなご本尊が祀られていて、一周すると参拝したのと同じご利益があるという。

その他、阿弥陀堂や、桜の花に囲まれて境内にたたずむ巨大大師像、己王大明神祠などを拝観する。宝杖堂（ほうじょうどう）には、結願した遍路の金剛杖が奉納されている。毎年春分の日と八月二十日に柴灯護摩供（さいとうごまく）の焚き上げが行われる。

私も折れた金剛杖をこのお寺で供養してもらうつもりでいたが、奉納されている立派な金剛杖を見るとこの場所にはふさわしくないように思えた。長年遍路旅を助けてもらったおかげで無事に結願できたので、家に持ち帰り、床の間で過ごしてもらうことにした。

もう一つの山門は、西側から境内に入ったところにあり、平成二（一九九〇）年に完成した鉄筋の門である。巨大な草鞋が背後を飾っていた。

宝杖堂。たくさんの金剛杖が奉納されている

時間の余裕があったので、大師堂の前のベンチで下手な俳句を詠んでいると、滋賀県から来た女性に会った。これで三度目である。「アシスト自転車でお参りしています。重さが十四キロもあるので、駅のプラットホームなどでは苦労します」と話していた。

また、本堂の前では札幌から来ていた男性と顔を合わせた。これで四回目だ。「今日の午後の便で北海道に帰ります」と言う。

二泊三日の遍路旅だったが、三人の人と幾度か顔を合わせ、別れがたい思いが残った。

高野山へ
お礼参りの旅

高野山は空海が開いた真言密教の聖地

壇上伽藍の西塔

慈尊院から続く信仰の道をたどり奥之院へ

四国遍路旅が無事結願すると、空海ご入定の聖地、高野山・奥之院にお礼参りをする習わしがある。だが、八十六歳の今の体力では、歩行して山上に向かうのは無理だ。そこで、六十歳時の遍路旅のお礼参りとして、七十七歳で高野山を参拝したときの記録を最後に掲載することにした。

高野山の表玄関、慈尊院へ

平成九（一九九七）年五月十七日に、四国八十八ヵ所の歩き遍路旅を終えて以来、毎年のように日記の年頭所感には「今年こそは高野山詣でに出かけること」と書いている。あれから十六年も過ぎてしまった。

何かのきっかけがあればと思っているときに、毎朝顔を合わせているラジオ体操仲間が、真冬に夫婦で町石道を歩いて高野山詣でに出かけたと言う。その苦労話を聞くうちに、新緑の頃には是非ともお参りしたいという気持ちになった。

九度山町役場から送られた『高野山町石道をたずねて』と、山と渓谷社が発行している『高野山を歩く旅』を参考にして、計画を練った。それによると、高野山にお参りするには七つのルートがあり、それを高野七口という。その中の大門口、別名では西口、または矢立口ともいわれる「高野山町石道」を上ることにした。

南海高野線九度山駅から高野山の大門まで二十一キロ、歩行時間は約六時間三十五分となっている。松山の我が家から南海高野線の九度山駅までの行程を調べる。六時頃にJR松山駅を出発すれば、JR予讃線、新幹線、地下鉄御堂筋線、南海高野線と乗り継ぎ、九度山駅には十二時前に着く。そこから歩けば、高野山の大門には日暮れ前にはたどり着けそうだ。宿坊に五月二十日と二十一日の予約をいれた。

平成二十五（二〇一三）年五月二十日、いよいよ念願の旅立ちである。朝五時、外はまだ薄暗い。町はまだ眠りから覚めていない。見慣れた街角や商店街が別世界に感じる。冷たい風が気持ちを奮い立たせてくれる。

JR松山駅の売店でコーヒーとサンドイッチを買って、列車に乗る。六時十二分発の列車はJR岡山駅で新幹線に乗り換えて新大阪駅へ。予定通りの時間に南海高野線難波駅に着くと、すぐ目の前の快速急行が発車するところであった。

私は向かい側に停車している列車に乗るつもりだったが、駅員に聞いてみると「それは特急列車で九度山駅には停まらない、九度山駅に停車する快速急行は今出たところで、次は一時間後」と言う。これで予定が一時間狂ってしまった。

次の列車に乗車し、十二時十五分に九度山駅に着いた。駅から「町石道」の起点になる慈尊院（じそんいん）まで約五百メートル。駅前に案内地図があり、その道順を頭に入れる。

町石道は、慈尊院から高野山に続く高野山の表参道である。空海が高野山を開山して以来、信仰の道とされている。

雲ひとつない青空、初夏を思わせる強い日差しを浴びながら歩き始めた。紀ノ川沿いの道は右に左にと曲がり、人通りはない。大きな橋を渡ったりするうちに、案内板の記憶があやふやになってしまう。小さな雑貨屋さんに入って道を尋ねると、その先も紀ノ川沿いに歩けば間違いないのがわかった。途中で九度山役場の案内板を見かけたり、川向うに大きなお寺の屋根を見かけたりした。後で調べると、このお寺は戦国武将の真田幸村ゆかりの真田庵だとわかった、

ようやく目的の慈尊院に到着。すでに十三時になろうとしている。

「女人高野別格本山慈尊院」「結縁寺旧高野山政所高野山石道」という表札に頭を下げて、境内に入る。このお寺は、空海が高野山に登る表玄関として開いたといわれている。ここ

慈尊院の山門

には空海の母親が住まわれていて、空海は月に九度も山を下って会いにきたと伝えられている。これが地名の由来という。境内にある、重要文化財の弥勒堂や多宝塔のお参りをすませ、社務所に立ち寄った。

　小さなたばこ屋さんの窓口を思わせるようなところから住職が顔をのぞかせて、町石道の由来を話してくれた。私がお礼を言うと高野山への地図を渡してくれ、主要な場所でスタンプを押しながら歩くようにと用紙をくれた。スタンプラリーといったところである。

　住職の話によると、町石は、高野山山上の壇上伽藍・根本大塔（こんぽんだいとう）を基点として慈尊院までに百八十基、大塔から高野山奥之院弘法大師御廟までに三十六基、合計二百十六基置かれている。そして三十六基ごとに一里となるので、町石の近くに里石（りいし）が四基置かれているという。町石の数字は、根本大塔に近づくにつれ減っていく。

これは空海が高野山のご開山のときに、道標として一町、今でいうと約百九メートルごとに木の卒塔婆を立てられたのが始まりとされる。月日が経つにつれてそれが朽ち、鎌倉時代に後嵯峨上皇や北条時宗たちの援助を受けて、石造りの五輪型の卒塔婆に建て替えられるようになった。

町石道を上り高野山総門の大門へ

高野山の参道、町石道に足を踏み入れる。一メートルほどの道幅で緩い上り坂である。周りは竹林だった。新芽が出始めた柿畑を通る頃には、抜けるような青空が広がり、午後の日差しが一段と強くなる。快調に足が進み、百六十六町石まで来ると展望が開けてきた。眼下には、蛇行しながら流れる紀ノ川を望める。道から少し外れた場所に展望台が設けられていた。難波駅で電車を見逃したために、一時間ロスした。ゆっくり景色を楽しむ余裕などない、と思いながらも見入ってしまう。紀ノ川とその周りの景色が一体となって、まるで絵はがきのようだ。柿畑に続いてみかん畑になる。それが途絶えると雑木林が始まる。紀ノ川は、樹々の隙間から時折見えるだけになってしまった。

雨引山(あまびきやま)の中腹の緩やかな上り道を快適に歩き続けた。山間の道は静かで、時折ホトトギスのさえずりが響く。近くに谷川でも流れているのか蛙の声も聞こえてくる。のどかな里山の雰囲気に身を委ねながら歩いていると、つい鼻歌も出てくる。道端に独鈷を手にした石仏があった。「無事に大門に着けますように」とお賽銭に十円を供えて、軽く頭を下げた。

杉林の中に百四十一町石を見かけた。その数値に百九をかけると根本大塔までの距離がわかるのだが、暗算できるほどの頭の回転はない。単純に十倍してみると、まだ十五キロほどは歩き続けなければならないようだ。これまでまだ四キロ程度しか歩いていない。

時計を見ると十三時五十分。はたして目的地の高野山総門の大門に、日暮れまでにたどり着けるだろうか、少し不安になってくる。上ったり下ったりする道が続く。足を速めて休まずに歩き続けた。

杉林を過ぎると、「六本杉峠」と書かれた標識があった。この峠の名称は古くからあったらしい。当時は大きな杉の木があったので、このような名が付いたのだろうか、今は幹周り十センチ余りの幼い杉が等間隔に植えられている。

一休みしたいところだが、はや十四時三十分。百三十七町石を見かけたばかりなのでまだ先は長い。あまり疲れも感じず、そのまま歩き続ける。

右手に少し上り坂になっている小道がある。その先は丹生都比売神社（にうつひめじんじゃ）がある。その社でもスタンプを押すようになっている。だが、時間がないため、立ち寄らずに歩き続けた。町石の数値は百三十台になっている。町石の中には鎌倉時代に建て替えられた古いものが残っており、そこに刻まれた文字は達筆過ぎて、私には読みとれない。

杉の木に囲まれた山道が続く。平坦な道を三十分ほど歩くうちに、百二十四町石のある「古峠」に着いた。立ち止まって周りの景色を眺めると、かなたに民家の屋根らしいものが見え隠れしている。あの辺りに高野山のお寺があるのではと思ったが、地図で調べると「天野の里」といわれる集落だった。

近くの谷あいに向かって、平行して建てられている二つの石造の鳥居があった。周りには神社らしいものは見あたらない。何のための鳥居なのか、不思議な光景である。

後で調べてみると、空海が建てられた丹生都比売神社の鳥居とされる。当初は木造であったが、江戸時代に石造に建て替えられたという。

そのそばに「天野の里」を展望できる休憩所があった。初めて腰を下ろして少し休む。難波駅で買ったスナック菓子を食べ、ジュースを飲むと、疲れがほぐれた感じがする。ついでに一眠りしたいが、すでに十五時になろうとしている。気を取り直して歩き始めた。

百十六町石の辺りに「白蛇の岩」という地名があった。その名の通り、蛇がのびのびと道で日向ぼっこをしていた。少し離れた場所でも見かけた。昔から蛇が多かったのでそのような地名が付けられたのだろうか。「せっかく気持ちよく寝ているのに、起こしてごめんよ」と謝りながら道の端をそっと通り抜けた。

この辺りが峠らしく、その先は急な下り坂になる。やがて沼地が見えてきた。すると木陰から話し声が聞こえてきた。これまで人の姿を全く見かけなかったので、人恋しさについ耳をそばだててしまう。この辺りはゴルフ場になっていて、キャディを連れたゴルファーの人たちの声だった。町石道との境にはフェンスが張られ、「ゴルフ場内には入らないでください」との注意書きがあった。何かこちらが檻の中を歩いているような錯覚に陥る。

近くに「神田地蔵堂」がある。小さなお堂の前にスタンプ台が置かれていた。カードにスタンプを押させてもらい、お賽銭に百円を供えて旅の無事を願った。

百八町石に続いて一里ごとに設けられている、町石より大きめの「二里石」があった。ゴルフ場のフェンス沿いの山道を上ったり下ったりしながら、三十分ほど歩くと八十六町石のある「笠木峠」に着いた。一休みしたいところだが、太陽の傾きが気になり、休んではいられない。すでに十六時三十分を過ぎている。町石に刻まれている数字がだんだん小さくなるのを励みに歩き続ける。山の陰では足下が暗くなり始める。物音一つ聞こえない杉林の中は不気味である。早く通り抜けることしか頭になく、足下のよい所では小走りになる。カメラも役に立ちそうにないので、ザックの中にしまい込んだ。

町石道のポイントの「三里石」を見かける。時間が惜しいので横目で見ながら通りすぎる。気がせくまま下り道を歩き続けていると、突然二車線の舗装道路に出た。国道480号線である。山側に町石道の案内板もあった。行けばわかると思いそのまま車道に出た。

しかし、町石道らしいものは見当たらない。ファミリーレストランがあったので聞こうと思ったが、閉店になっている。駐車場に止めてあった車に人がいたので尋ねると「高野山まで車で行くので、歩いて行く道は知らない」と言う。しかたがないので、案内板をよく見てみようと引き返す。すると、先ほど下りてきたときには気がつかなかったが、古い茶店があった。そこで道を聞くと、その店のすぐ横が町石道だと教えられた。

すでに十七時が過ぎている。休む暇はない。そこからの急な坂道を疲れた体で歩く。息切れがひどく、一歩一歩足を運ぶのが辛い。だが、日没までには目的の大門に是が非でも着かなくてはならない。周りは薄暗くなり始める。道沿いの町石をかろうじて見分けて歩く。道沿いに空海ゆかりの「袈裟掛石」や「押上石」「鏡石」などがあったが、説明文を読むのが精いっぱいで、立ち止まってゆっくり見る余裕はなかった。

時計の針は十八時を指そうとしている。夕暮れが迫り、少し風も吹き始めた。緩い坂道だが上りが続く。小さな谷川があり、木の橋が架けられていた。同じような橋をいくつか渡るうちに日没が迫る。ザックからライトを取り出そうと思いながら、その時間が惜しくて、我慢しながら歩き続けた。

すると突然上から何か落ちてきた。それが頭に当たり、何が起きたか一瞬わからなかった。よく見ると、かなり大きな腐った木の破片だった。

橋のない小さな谷を渡るときには足を滑らせ、尻餅をついてしまったりした。これ以上暗い道を歩くのは危険だ。ライトを取り出すことにした。

小さな光を頼りに歩いていると、ウエストバッグの中で携帯電話が鳴る。取り出したいが足下が悪い。少し平坦な場所を探し、ようやく電話に出ると家内だった。宿坊から、予定通り泊まるのかどうか、問い合わせがあったという。宿坊には十九時までには着く予定と、伝えてあった。

「間違いなくそちらにお世話になると返事をしたけど、心配そうだったわよ。電話番号がわからないから、あなたから電話を入れておいて」

宿坊の電話番号を書いたメモ帳を探したが、片手にライトを持っているため、なかなか見つからない。おまけに座った場所が悪かったらしく、ズボンに水が染み込んで気持ちが悪い。ようやく探し出したが、老眼に加えて小さいライトでは、細かい文字が読みづらい。やっとのことで電話を入れたら、メモの数字を読み間違えていた。二度目になんとかつながり、胸をなでおろす。

「もうすぐ大門に着くと思います」

「着いたらまた電話をください。暗くなって、宿坊がわかりにくいと思いますので、そこまで迎えに行きます」

あとどのくらいかはっきりはわからないが、大門は近いはずである。急な上り道になり、辺りはすっかり暗くなった。町石がどこにあるのかもわからない。ひょっとしたら道を間違えたのではと、不安な気持ちを抱えながら歩き続けた。疲れも出て、小さな岩を踏み外したりするようになった。息切れもひどくなり、どうにでもなれとやけくそ気味で歩く。すると突然、木立の間から黄金色に輝く建物が現れた。目の錯覚かと思って見たが、道路の向こうに見えるのは、間違いなく高野山総門の大門だ。それに気づくのに少し時間がかかってしまった。

ライトアップされた大門は神々しいまでに、光り輝いている。道を渡り、その石段を上ったところで、無事にここまで来られたことを感謝し、深々と頭を下げた。

大門から先は街灯だけが路面を照らしていた。その中で迎えの僧侶が待っていてくれた。

宿坊に着くと十九時半になっていた。

空海ご入定の聖地、奥之院へ

昨日、宿坊に着いたときには玄関に倒れるように座り込んでしまった。しかし、今朝目が覚めてみると、思ったほど疲れは残っていない。

「六時三十分から朝の勤行が始まるのでぜひ出席してください」と、昨夜言われたのを思い出し、広間に行った。隣の部屋に宿泊していたカナダ人のカップルが、神妙な顔つきで椅子に座っている。その横に年配の夫婦らしい人たちがいて、身内の供養でもお願いしたのか、かしこまった面持ちで手を合わせている。

朝食後、昨夜、撮影できなかった大門に出かけてみた。ライトアップされていた姿が脳裏に残り、その感動を今一度味わってみたいと思ったのである。だが、大門の背後から朝日が差し込み、逆光となっていたので、昨夜の荘厳さは感じなかった。

この大門は落雷などで幾度か焼失し、現在の建物は宝永二（一七〇五）年に再建されたものだという。五間三戸の二階二重で、高さは二十五メートルもある。その姿は高野山の総門にふさわしいものだった。両脇の仁王像は仏師の康意（こうい）、運長（うんちょう）の作とされる。

時間が早いせいか、人通りの少ない大門通りを東へ歩き、壇上伽藍に向かった。案内地図を見ながら歩いたつもりだったが、どこかで道を間違えたのか、一の橋が近くに見えた。一の橋は奥之院の入口になり、ここから二キロほど参道が続く。奥之院には四十年ほど前に一度訪れたことがあるが、著名人のお墓が無数にあったという程度の記憶しかない。今回は四国お遍路を無事終えたお礼参りということもあり、時間をかけてゆっくり参拝するつもりである。

一の橋を渡り、中の橋まで来ると、樹木に囲まれたお墓が見え始めた。この墓所のどこかに、父方の祖母と叔母が眠っているはずだが、従兄弟に問い合わせてもはっきりしない。適当な方向に向かって頭を下げ、般若心経を唱えた。

石畳の参道を歩くと、歴史の教科書に出てくる著名な人たちのお墓が並んでいるのが見える。その中には、我が松山の藩主・松平家の墓所もあった。すぐ近くには苔むした大きな五輪塔が並び、小さな鳥居も備えられていた。

さらに奥之院に近付くと、参道沿いに大勢の人が集まっていた。近くにいた人の話によると、今日は五月二十一日なので、年に一度の墓所総供養奥之院大施餓鬼会の日にあたり、奥之院の多数の墓の追善回向と諸精霊への総供養を行うことになっているという。

高野山の入り口にそびえる大門

御廟橋まで行くといっそう人の数が増えてきた。この橋から先は撮影禁止になっていて、その手前でたくさんのアマチュアカメラマンがカメラを構えている。

タイミングよく、奥之院から追善回向に向かう僧侶たちに出会えた。その後ろにかわいらしい袈裟を身につけた子どもたちが続く。

帰りに高野山真言宗総本山金剛峯寺（こんごうぶじ）に立ち寄った。このお寺は豊臣秀吉が母親のために建立した青巌寺（せいがんじ）を、明治時代に現在の金剛峯寺に改めたとされる。お寺の中の廊下や大広間の襖絵、梅の間、豊臣秀次が自刃したといわれる柳の間などを拝観した。

ゆっくりしたくて、庭園の片隅の木陰

で休むことにした。静かな時間を過ごしていると眠気がさしてきた。ベンチに横になり、人影がないのを幸い一眠りした。

昼時になり近くの食堂で食事をとる。きつねうどんで軽くすませた。

曼荼羅の世界観を表す壇上伽藍

午後から、高野山で奥之院とともに聖地として位置づけられている、壇上伽藍に出かけてみた。十九の建造物があるといわれるが、最も目立つのが、鮮やかな朱色に彩られた根本大塔である。空海が真言密教の根本道場として建立したものとされ、多宝塔としては日本最初の建造物とされている。現在の建物は昭和十二（一九三七）年に完成したものである。この時間帯になると観光客も増えてくる。その人混みを避けて気ままに境内を散策した。その中で印象に残ったのが、老杉に囲まれた西塔だった。この塔は空海の『御図記』に基づいて建てられたといわれ、天保五（一八三四）年に再建されたものだ。

根本大塔と金堂のご朱印を頂き、由緒ある建物を眺めながらぶらぶら歩いた。勉強不足でどれが歴史的な価値があるのかわからず、とりあえず目に付いた建物を拝観する。その一つが孔雀堂だった。後鳥羽上皇の願いにより、請雨祈願のため建立され、現在の建物は

日本初の多宝塔、根本大塔

昭和五十八（一九八三）年に再建されたとされる。

続いて空海の御影が祀られている御影堂を参拝し、最後に芍薬の花がきれいだという蓮池に出かけてみた。それらしい花は見あたらなかったが、橋を渡ったところにある善女龍王社（ぜんにょりゅうおうしゃ）にお参りをして、壇上伽藍を後にした。その夜の泊まり客は私だけだった。

静かな夜を過ごし、目を覚まして時計を見るとまだ五時前だ。「早起きは三文の徳」と、高野山の早朝の雰囲気を味わうことにした。台所では僧侶たちが朝の準備をしている。宿坊の門を開けてもらい、外に出てみた。宿坊の周りの土産物

お経を唱える尼僧たち

屋の戸は閉じられ、犬の散歩をしている人を見かけるだけである。
　人影のない壇上伽藍のお寺にお参りをする。昨日訪れた根本大塔は朝日に輝き、また違った姿を見せてくれた。
　朝餉に間に合うように壇上伽藍を出ると、静かな乾いた空気を突いて下駄の音が聞こえてくる。剃髪した尼僧が、修行中らしい有髪の尼僧の一団を引き連れている。その姿に惹かれてついていった。一行は壇上伽藍の境内へと進み、御影堂、根本大塔の前まで行くと声を合わせてお経を唱えていた。大きな樹木の影を背に、白い足袋が印象的である。
　そのお経に合わせて、少し離れたところで、私も小さな声で般若心経を唱えた。

朝日に映し出されたその敬虔な姿に「これこそが高野山の雰囲気」と感じ入った。この尼僧たちの真剣なまなざしは、いつまでも記憶に残るだろう。

帰りの道筋に苅萱堂（かるかやどう）を見かけた。勤行中の僧侶の邪魔にならないように、壁に掛けられた絵物語を見ながら回廊を一巡した。

宿坊で朝食を頂き、高野山上バスで高野山駅前まで行く。帰りも町石道を下りたかったがその気力がなく、高野山ケーブルで極楽橋駅まで下る。ケーブルカーの中はほとんどが外国の若者たちで、満席である。

標高九百メートルの日本の仏教の聖地の雰囲気を、少しは味わってもらえただろうか。

おわりに

ようやく三回目の遍路旅を終えた。体力の衰えは隠しようもなく、意気軒昂だった六十歳のときの自分と比べては落ち込む日々であった。

でも、その頃とまったく変わっていないこともあった。それは人の情けである。五年半にわたる遍路旅の道中で、さまざまな出会いがあった。

道に迷ったとき、手をとめて親切に教えてくださった方、わざわざわかりやすい場所まで連れていってくださった方、なかには家の中から飛び出して道を間違えていると教えてくださった方もいた。見ず知らずの方から温かいお接待を受けて、生き返った気持ちになったこともしばしば。

行きずりのお遍路さんたちと、情報交換をしたり、励まし合ったりしたのも、今となってはいい思い出である。

そしてもう一つ、霊場や遍路道を取り巻く自然も、かつてのままであった。そびえ立つ山々も陽光にきらめく海も、昔と変わらず私を迎えてくれた。

人との触れ合いや美しい風景との出会い、これこそ遍路旅の醍醐味である。

八十六歳にして厳しい遍路旅を完遂したことは私の自信となり、大きな心の安らぎを得られた。

これからは、旅の体験を糧として、余生を楽しみたいと考えている。

著者プロフィール

池澤 節雄（いけざわ せつお）

1936年8月12日、宮崎県宮崎市生まれ。
1959年、宮崎大学卒業。
1997年、愛媛県庁退職。
愛媛県松山市在住。

八十路のへんろ 伊予・讃岐・高野山編

2024年4月15日　初版第1刷発行

著　者　池澤 節雄
発行者　瓜谷 綱延
発行所　株式会社文芸社
〒160-0022 東京都新宿区新宿1－10－1
電話 03-5369-3060（代表）
03-5369-2299（販売）

印刷所　図書印刷株式会社

ISBN978-4-286-24863-9